あたらしい九州旅行

KYUSHU TRIP
chichin-puipui tabiza
WAVE出版

はじめに —— 九州よかとこ案内

「大事な友人を案内するような、そんな気持ちで旅本をつくろうよ」
ある晩、博多でごはんを食べていたとき
そんな話から始まったと思います。
そのメンバーで結成した出版ユニットが「チチンプイプイ旅座」です。
〝日々是旅なり〟を座右の銘とする南方写真師・垂見おじぃ健吾を座長に、
座員には、ウン十年も九州中の旅取材を続けている、
福岡在住のカメラマン・松隈直樹とライター・牛島千絵美、
長崎を故郷にもつ編集者・おおいしれいこ。
旅をこよなく愛するこの4人で「自分たちが何度も行きたい」
九州のよかとこを選び抜くことに。でもいざとなると、
「この店も、あそこもぜひ」とかなり難渋しましたが。
最終的にくいしん坊ぞろいのユニットのテーマ、
「食を通じて土地とつながる」を主軸にしつつ、

鉄道旅や、上五島の教会や種子島のロケットなども加えて
九州の個性豊かなフィールドの魅力をお伝することにしました。

また、この旅本シリーズでは「あたらしい」視点が旅のテーマですが、
この九州本には、最近始まった若い人たちの評判店がある一方、
家族で切り盛りする誠実な店に、長く街の文化をつくってきた老舗、
地元の人がひそかに誇る名所もあります。
つまり、それは流行や話題性だけの新スポットでなく、
よその土地にはないオンリーワンの「新・九州名物」を
案内したいという考えです。

ぶらりと軽やかに。いついっても「よかよか」と迎え入れてくれる、
そんなあったかい空気が流れている店に行くみたいに。
この本をおともに、九州をあちこち旅してもらえたら、うれしいです。

チチンプイプイ旅座一同

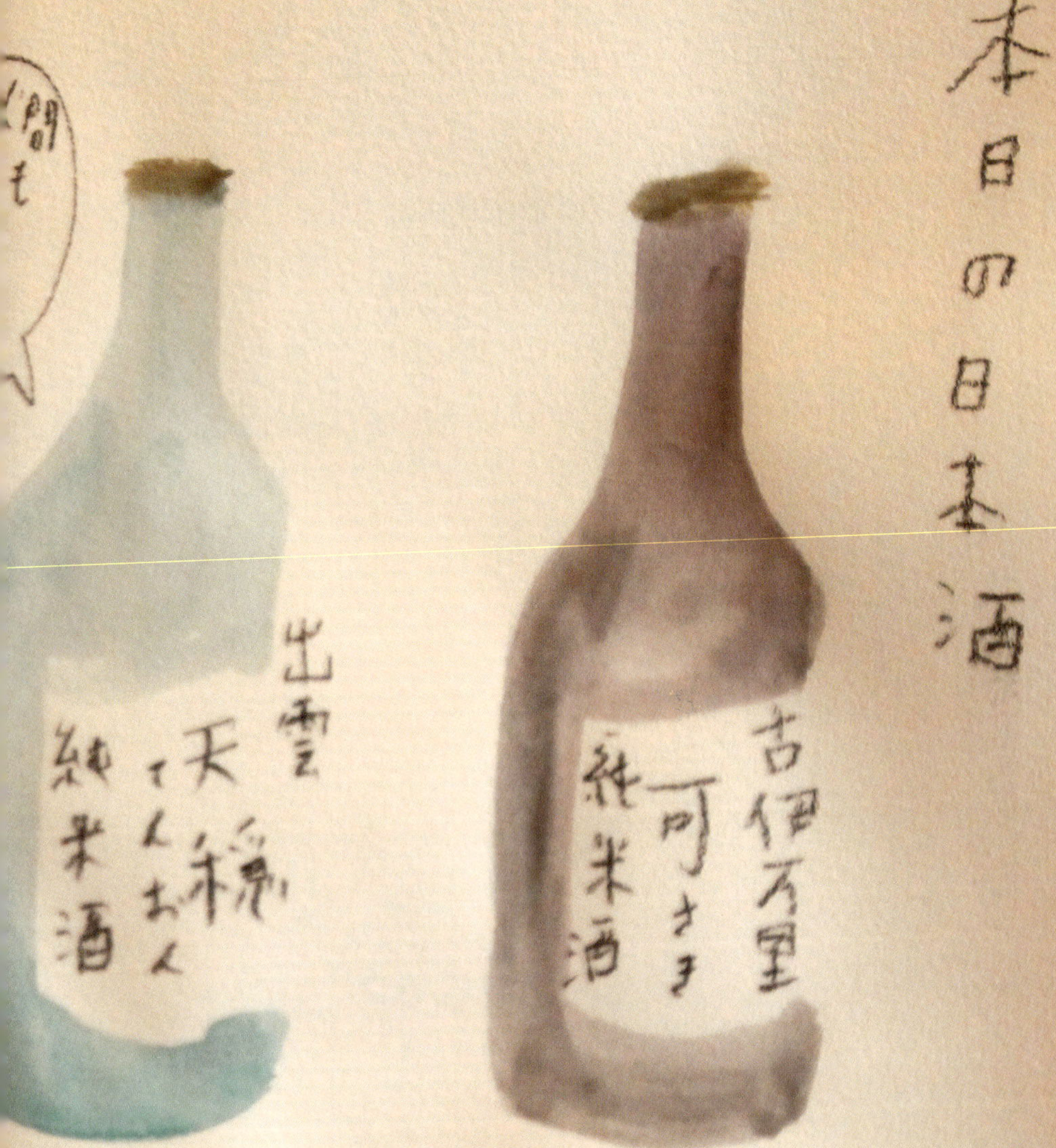
本日の日本酒
古伊万里
可さき
純米酒
出雲
天穏
てんおん
純米酒
間も

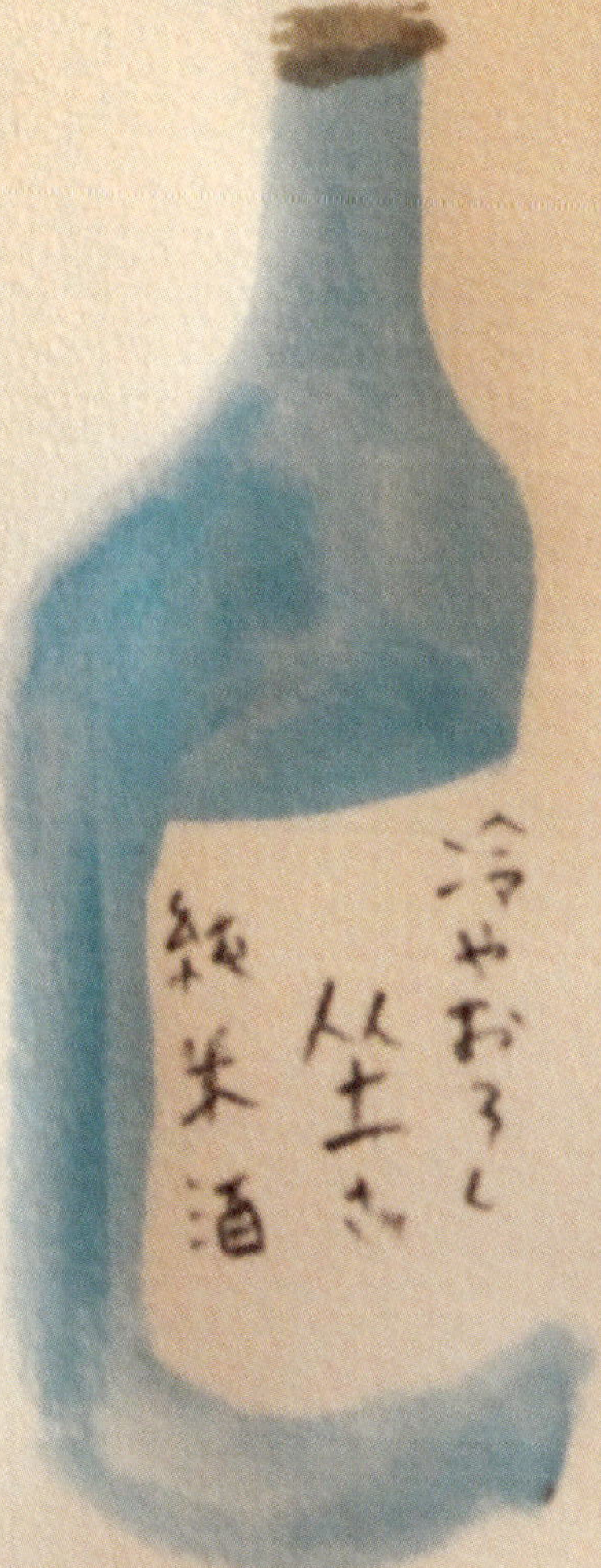

グラス　500円

一合　800円

石山離宮
五足のくつ
GOSOKU NO KUTSU

Contents

Use Guide 【ご利用ガイド】

★こんなお店を紹介しています

・作り出しているものに思いがこもっていること。
・ジャンルにとらわれず、
　九州でしっかりと地に足をつけているひとたち。
・あたらしいお店、誠実なお店、地元の人に愛されるお店。

★エリアごとに紹介しています

・九州の旅は、エリアごとに計画を立てるとスムーズです。
・定番の観光スポットと組み合わせて、楽しんでください。

★行きたいお店が決まったら

・行く前に定休日のご確認を！
　心配な方は電話で確認をとると安心です。
・巻末にエリアごとの地図があります。
・お店の場所＋周辺のおすすめスポットも紹介しています。
・カーナビや詳細地図とあわせてお使いください。

1

北部エリア

福岡・佐賀・長崎

古えから大陸の入口として
新しきものを受け入れてきた
北部エリアには、
今でも外からの人を
「ようこそ、ようこそ」と迎え入れる、
心親しい空気が流れている。

人を呼び、笑顔にする店あり場所あり、
好奇心をくすぐるエッセンスがてんこ盛り。

定位置は公園横の道っぱた。昼夜で姿が一転

01 New Kyushu Trip 北部 | 福岡市 | 屋台

屋台バー えびちゃん

Ebi chan

路上に生まれる本格的な Bar 屋台

博多は屋台の町だ。福岡市には現在１５０軒ほどの屋台があり、立派な観光の目玉になっている。そして、地元民と観光客のよき交流の場になっている。誰でも気軽に入れるのが屋台のいいところだ。

福岡市の中でも私は博多部に住むようになって、おもしろいなと思った風景が、屋台のご出勤だ。屋台だから、当然夜出現するわけで、夜の営業が終わったら、きれいさっぱり片づけられる。つまり屋台は定められた場所（博多には市が定めた屋台の駐車場のような場所が数カ所ある）から毎日出勤してくるのだ。それはバイク通勤だったり、徒歩通勤だったり（バイクに引かれる、人が引く）。これを行うのは、屋台の主人である場合もあるのだが、ほとんどは「引き屋」と呼ばれる人々のお仕事だ。そして、だいたい17時くらいから、屋台の組み立てが始まる。屋台は自由なイメージがあるが、営業時間にも規定があり、好きな時間に営業するというわけにはいかない。けっこうルールがいろいろあるのだ。が、長くなるのでそれはまた別の機会にお話ししたい。

屋台が生まれる様子を紹介したいと思い、組み立て作業を見せてくださいとお願いしたのは、多くの屋台の中でも唯一の屋台バー「えびちゃん」。屋台といっても本格的なバーメニュー（カクテルやウイスキー、もちろん焼酎も）が味わえ、さらにフードメニューが魅力的。遠方からのリピーターも多い。撮影したのは12月の肌寒い日（九州を南国と思っているみなさん、博多の冬は寒いですよ）、すでに所定の場所に運び込まれていた屋台は、たたまれているから普段よりずっとコンパクトで、屋台の上の看板が「えびちゃん」だとわかる目印になっている。

屋台の主・海老名剛さん、亜希子さん夫妻はその横で、ワンボックスカーからいろいろな道具を運び出している最中だった。その作業は、まさに黙々。２人ともほとんど話をしない（普段はおしゃべり）。17時半くらいにようやく屋台に手がかかる。屋台を組み立てるだけではない。電気を引き（近くの電柱から引けるシステム）、水をくみ（以前は遠くまでくみに行っていたが、今は近くに一帯の屋台用の水道があり、少しラクになった）、煮炊きするところ（七輪の火を起こすなど）も調える。自分たちの後ろに棚を作る。バーだけに、数々の酒瓶（数不明。こんな忙しいときに、数えてくれとは怖くて問えず）を並べ、グラスを並べ、皿など食器類を並べる。いちいち毎日これなのだ。こ、こんなに大変だったとは……。Mカ

えびちゃん特製、ピンクのソルティドッグ

博多のスター屋台「えびちゃん」誕生！

バーテンダー姿の店主・剛さんがカクテルでもてなす

［ 屋台裏ドラマ ］

本日も「今日のえびちゃん」が生まれますよー

1

引き屋さんが運んだ屋台が歩道にポツン

2

組み立て開始っ！

3

七輪の火をおこすのも毎日のこと

4

棚ができる。電子レンジも備える

5

器は布で包み、小物も出しやすく収納

6

だんだん形になってきた

7

メニュー取りつけ。ボトルも見えよく並べる

8

写真４と見比べるとすっかり店らしい

9

板壁を取りつけ、のれんをかけて

10

完成、ビバ！

住　所　福岡県福岡市博多区上川端町
　　　　冷泉公園前
電　話　090-3735-4939
時　間　19：00 ～ L.O. 翌 1：30
定休日　日曜日、悪天候日
　　　　（特に強風時）
最寄り　地下鉄「中洲川端」駅

屋台バー えびちゃん

メラマンも茫然としてシャッターを切るのだった。

そもそも、博多の屋台は気候に対する備えが万全。あったかい時期は、まわりにのれんが下がる程度で、風通し重視だが、冬は完全に囲まれてあたたかいのだ（冬の屋台なんて、寒そうと思っているみなさん、屋台の中はぬくぬく）。なので冬の屋台の組み立ては、囲うための板壁作りという手間のかかる作業も加わるのだ（猛暑の組み立てを想像するだけで、汗）。

こちらの体が芯まで冷えきった頃、組み立て作業は終了。時計を見れば、開店時間の10分ほど前だ。屋根の上の看板の照明が点灯し、今夜も「えびちゃん」は無事に誕生（思わず拍手する私とMカメラマン）。明かりが灯るだけで、なんだかあたたかい（涙）。「お客さんしていく？」。振り向くと、先ほどまで作業中だった剛さんが、バーテンダー姿に着替えて声をかけてくれた（い、いつの間に？）。

お言葉に甘えて、屋台の中へ（おお！　あったかい。別世界だー！）。営業時間になると待っていたかのように、お客が集まり始める。えびちゃんが人気屋台だと、あらためて実感。常連さんあり、観光客あり、ひとり客あり、カップルあり、グループあり。飲むだけの客あり、ガッツリ食べる人あり。常連らしきお客と亜希子さんの会話がおもしろくて、屋台全体が笑う。いつの間にか隣の人とも話し始める。屋台ってこんなところ、懐が深いのだ。でも、みんな数十分前まで行われていた、あの大変な組み立て作業のことは知らない（だろうな）。

1. 初代のお父さんとの貴重なファミリーショット。これが屋台の中なんて信じられない！　2.3. つまみも洒落てる　4. 冬場の人気メニューは牛テールのおでん　5. 名物カマンベールのマーマレード焼き

えびちゃんはバーだから酒瓶の数が多く、普通の屋台よりちょっと時間がかかるのかもしれないが、しかし、屋台ってすごい。毎日一から屋台が組み立てられ、その中で大勢の人が、飲んで食べて、しゃべって笑って。時間になればきれいさっぱり片づけられる。そしてまた次の夜がくると、それぞれの屋台で新しい物語が始まる。

住　所　福岡県福岡市中央区
　　　　大手門1-8-14
電　話　092-726-0012
時　間　12:00～22:00
定休日　日曜日
最寄り　地下鉄「大濠公園」駅

02

New Kyushu Trip
北部 | 福岡市 | 水炊き

橙

Daidai

食べ進むうちに ふくらむスープの旨味

水炊きは博多の名物の一つである。各地の名物の中には、地元の若者はめったに食べないなんてものもあるが、水炊きは意外によく食べる。鍋だから、冬という印象だが、夏でも食べる。水炊きだけでなく、もつ鍋屋だって夏場もけっこう忙しく、人気店になると予約が取れないこともしばしばだ。暑い時期こそ、汗かいて暑気払い。これって博多だけだろうか?

さて最近この水炊き事情が少々変わってきているように思う。新店が相次いでオープンし、新しい風が吹いている。水炊きのスープにもいろいろ違いがある。澄んだスープあり、白濁あり、飲んでみるとそれぞれ違う。ちなみに白濁していると「みずだき」、澄んでいると「みずたき」などと呼び分けることもある。そして新店のスープにも前者後者どちらもあるが、それぞれに味を競っている。これには地元誌も注目し、特集ページが組まれるほどだ。その一店が、「橙」だ。ここは隣の「焼きとり　鳥次」（ここも美味）の2号店で、鶏を丸ごと仕入れ、1羽から焼きに向く部位、鍋に最適の部位を分ける。

博多の水炊きはスープに始まる。食事の前に、まず一杯スープが出されるのだ。橙のそれは、澄んですっきりとしているが、鶏の旨味はしっかり出ている。スープを味わってから、鍋の中の鶏を食べ、次につくねが入る。軟骨が入ったつくねは、ふわっとやわらかく、ウマウマ。個人的には鶏肉よりつくねが好きだ。最後に野菜が入る。水分で旨味が薄まらないよう白菜でなくキャベツを入れる店が多い。この野菜を入れると、スープの旨味がふっくらと広がってくる。ここが、橙のスープのすごさだと思う。最初に飲んだスープから、味がどんどん広がっていくのだ。〆はそうめんか、雑炊。余すことなくこの旨いスープを味わい尽くしたい。コラーゲンたっぷり、翌朝お肌ぷるぷるよ。

1

2

3

1. 〆はそうめん。たっぷりスープをかけて　2. 雑炊やそうめんにニラ醤油を足し　3. モダンで落ち着く店内

鍋の中には、鶏もも、むね肉、手羽。自家製ポン酢にくぐらせて口に運ぶと、肉はやわらかくほどけ、旨味が広がる。水炊きは1人前2800円

豚、鴨、子牛、和牛、牛タンが渾然一体、
反則ワザの一皿。旨すぎて、笑う

デザートのヌガーグラッセ。お肉の後に
はスイーツもガッツリ控えている幸せ！

オープン時からの看板。アニオンの魂！

住　所　福岡県福岡市中央区天神 1-15-14 高木ビル１階
電　話　092-717-3001
時　間　18：00～L.O. 翌２:00
定休日　日曜日
最寄り　地下鉄「天神」駅
H　P　http://aignon.com

03 New Kyushu Trip
北部 ｜ 福岡市 ｜ フレンチ

アニオン

Aignon

女子もがっつり、男のフレンチ

店の前にあるのは、「男のハレンチ」と書かれ、ハに×を付けてフに書き換えている立て看板。そう、ここはフレンチの店、ビストロだ。この立て看板を見るだけで、なんとなくオーナーシェフ・本田フトシさんの人柄の察しがつく（笑）。ただし、肝心なのは料理の腕が極めていいこと。なんとあのミシュランのビブグルマンに掲載されている。

市内の人気ビストロで働いた後、自分の店をオープン。女性客をターゲットにしたフレンチが多い中、本田さんは男のためのガッツリ系のビストロにした。ランチもない。魚料理に力を入れる店は多いが、ここのメニューの大部分は肉（ボリュームもある！）。小さく切って食べるな、口いっぱい頬張れなど、男のフレンチには流儀もあるのだ。しかし、本田さんの思いどおりにはならなかった。このおいしい店を、女性たちが見逃すわけがない。「男の」とうたっているのに、客の半分強が女性だそうだ。ときおり男前の女性が来店し、見事な食べっぷり、飲みっぷりを見せて本田さんを喜ばせる。

オリジナルメニューの一つが、「オトコノニューハンバーグ」。運ばれてきたハンバーグは、ソース、ジャガイモのピュレの上に、山のように堂々と盛り上がっている。このハンバーグのスゴさは、使われている肉にある。イベリコ豚、シャラン産の鴨、仔牛、和牛の頬肉、牛タンなどなど。さらに、ナイフを入れると肉汁とともに現れるフォアグラ。口に入れると、しっかり肉の味。かみしめていくうちに、どんどん旨味が追いかけてくる（よくこんなの思いついたなぁ）。いくつもの肉を使っているから、味に複雑な深みがあって、ハンバーグの醍醐味はこれだと納得した。こんなの家庭では絶対作れない。ビストロならではの大人のハンバーグだ。

さて、この店の魅力は料理だけではない。本田さんの人柄そのままの接客にもある。スタッフはみんな仲が良く、気さくで本当に楽しい。パリのビストロと同じく、フレンドリーで居心地いいのだ。しっかりお腹を空かせて、その扉を開けよう。

サンマとジャガイモのグラタン。サンマがあるときだけの秋冬限定商品

04 New Kyushu Trip
北部 | 福岡市 | 焼鳥

かわ屋 警固店

Kawaya kego ten

伝説の鶏皮の旨味に酔いしれる

昔むかし、福岡市に伝説の焼き鳥屋があった。その店の名物が鶏皮で、なじみの客は店に入るなり「皮10本と芋のお湯割り！」と、メニューも見ないで注文していた。今、残念ながらその店はないが、その流れをくむ店が市内に数店ある。ここ「かわ屋」も、その中の一店。そこでのなじみの客たちの流儀は、「皮10本！」。その声を聞くだけで、懐かしい。

この鶏皮、通常の焼き鳥屋のそれとは見た目も味もまったく違う。これはカリッとした乾いた感じではない。芳ばしく、かみごたえがある。かんでいくうちに、旨味がしみ出てくる。でも鶏特有の脂は感じない。「この後を引く旨味！こりゃ10本いけるね」。ここに案内した友人知人は声を揃える。

その製法は、鶏の首の皮を、長いまま串に巻きつけるように刺す。1本に1羽分の皮が使われているという。これをタレにつけては焼き、タレにつけては焼き、という作業を繰り返すこと6日間。余分な脂は徐々に落ち、旨味だけが凝縮されていく。5日ではまだ脂が残り、7日では脂が落ちすぎる。この絶妙なタイミングで伝説の「絶品鶏皮」ができあがるのだ。

1. 店内には、いつも焼きを繰り返す鶏皮が積み上げられている　2. こちらも名品、ささみのしぎ焼き　3. 6日もかけて焼きあげた鶏皮は1本108円　4. ダルム（豚の腸）でお酒がイケる。焼き鳥には、ざく切りキャベツがつくのが博多流

住　所　福岡市中央区警固2丁目16-10
電　話　092-741-4567
時　間　17:00～24:00
定休日　無休
最寄り　地下鉄「赤坂」駅

手作りの皮とあんが旨い。酒肴は名物馬上漬、酢モツなど

05

New Kyushu Trip

北部 ｜ 福岡市 ｜ 餃子

馬上荘

Bajoso

注文を受けてから包む、ふっくらトロリの餃子

「馬上荘」は、餃子の専門店だ。なにしろ注文を受けてから皮を伸ばし、一つ一つ包む。博多の餃子は小さいから1人で20個や30個は軽く食べられる（たまに、県外からの一見さんらしき客が、「とりあえず10個」なんて注文をしていると、心の中で「足りんぞ」とツッコミを入れてしまう）。というわけで、店が開いてから店主の古田紘一さんは、ずっと餃子を包んでいる。それでも時間はかかる。注文しても、簡単に「はいっ！　どうぞ」とは出てこない。せっかちな人は、ちょっとイライラ？　でも心配無用、ここは単品メニューもどれもおいしい。15種類ほどある単品の中で、個人的に気に入っているのは、「レバテキ」。（レバーがすごく薄くて、これは店内でも古田さんしか切れないらしい。だまされたと思って、食べてみてほしい）、ごま油が効いた千切りキャベツのサラダ「涼菜」、ニラの醤油漬け「馬上漬」（これは餃子の後の方がいいかも。すごくお酒がいけるので）。ほかにも酢モツ、レバニラとかが人気であるよう。

　こうして食べながら待っていると、目の前にホカホカの焼きたて餃子がやって来る。まず形が丸い。芳ばしいけど、カリッとした食感が多い博多餃子の中で、モチっとした感じ。そして中からとろ～りとしたあんが。「やっぱりおいしい。待っててよかった！」と、心の中で叫びながら、隣の連れとうなずき合う。この店、最初はビールだけど、2杯目からは老酒、これがここの料理によく合う。まぁ、焼酎などもあります。

　この店、狭くて予約不可。私たちは開店少し前に駆けつけている。

住　所　福岡市早良区西新 1-7-6
電　話　092-831-6152
時　間　18:00 ～ 23:00（L.O.22:30）、
　　　　日曜日、祝日～ 22:00（L.O.21:30）
定休日　月曜日（月末連休あり）
最寄り　地下鉄「西新」駅

ふんわりこんがり焼きあがった餃子は、1 皿 10 個で 500 円。柚子こしょうを効かせて食べるのが九州流。注文は一人最低一人前から

冷めないように飛騨コンロに載せた焼き鳥。黄色くて四角いのがスモークチーズだ

06

New Kyushu Trip

北部 ｜ 福岡市 ｜ 屋台

花山

Hanayama

オリジナリティあふれる
メニューが楽しい
“大箱”屋台

住　所　福岡県福岡市東区箱崎 1
電　話　090-3320-3293
時　間　17:30 ～ 翌 1:00（日曜日 12:00～）
定休日　月曜日
最寄り　地下鉄「箱崎宮前」駅

添加物なしの体にやさしいスープのラーメンは、コーヒー気分で一杯いただける。胃にもたれません

花山

福岡の中心街・天神から地下鉄で10分足らず。筥崎宮（はこざきぐう）の参道に立つ屋台が「花山」だ。創業は昭和27年。現在は2代目店主・花田博之さんが、広い屋台を切り盛りする。天神や中洲の路上の屋台は、大きさにも規制がある。花山は参道にあるため、かなりの大箱屋台だ。大きめ屋台が2連結され、その横にお座敷屋台まで（靴を脱いで上がります）。筥崎宮のお祭りや年初めなど、客が多い時期には、屋台の中は大きな食堂のようにレイアウトを変える。街場の屋台と違い、変幻自在だ。

　この店で忘れてならないのが「シロ」。豚の腸だけど、まず、ここに入ったらシロを注文する客多数。1人で10本も珍しくない。ユズ風味のタレにつけて食べると、うん、10本くらい軽いかも。花田さんが先代から屋台を引き継いだとき、心に決めていたことの一つが、化学調味料を使わないラーメンを出すことだった。安心して食べられるものを提供したい。その思いで作ったラーメン。当初は常連から「味が変わっとる」「おいしゅうなか」など、叱咤もあったが、それでも信念を曲げず、追求を続けて「安心でおいしい」ラーメンに到達。今では花山の名物の一つになっている。

お座敷屋台で味わう「心づくし」

1. 大将の花田博之さん。凝り性で、焼き鳥に使う塩もなんと自家製の天然塩だ　2. 他では見られないお座敷屋台。詰めれば12人まで入れる

　ところで、屋台メニューにはいろいろなルールがある。一般の店との大きな違いは「ナマモノ禁止」。ナマモノといっても魚だけでなく、野菜など全部。だから、博多の焼き鳥では一般的なキャベツもダメ。花田さんは、これを逆手にとってアイデアあふれる屋台メニューをあれこれ作る。焼き台の一つに手を加え、燻製器を作った。店で出すソーセージも自家製だし、チーズや鶏むね肉の燻製など人気メニューは多い。さらに焼き鳥の鶏皮まで燻製にしてしまった。これは、やみつきになる味だ！

　わざわざ地下鉄に乗ってまで行きたい屋台。花山は今日も賑わっている。

おでん鍋の出汁は、こまめに継ぎ足し、煮詰まらないよう気を配る

07

New Kyushu Trip

北部 ｜ 福岡市 ｜ 小料理

小料理 悦

Koryori Etsu

野菜がたっぷり食べられる
オリジナルおでん

日本酒のセレクトもセンス絶妙

客の大部分が頼む季節野菜の盛り合わせ。
価格は内容や人数によって変わる

「小料理　悦」があるのは西中洲。「中洲」がついても、西日本一の歓楽街といわれる「中洲」とは、かなり風情が違う。西中洲には、昔から文人や風流人たちに好まれるような店が多く、細く、入り組んだ路地に、小粋な店が点在していた。時代が変わって、昔ながらの店は少なくなったが、今も入り組んだ造りは変わらない。慣れないと筋を間違えて、迷ってしまうこともしばしば。でもそんなときに、思いがけないおもしろそうな店に出合ったりもする。西中洲は、興味が尽きない街なのだ。特に女性には、中洲より、西中洲がだんぜん楽しい。

さて、そんな西中洲の古い商業ビルの1階に悦はある。ちょっと奥まっているので、少々わかりにくいが、常連にとってはのれんが出ていて、店から明かりがもれていると、あたたかい気持ちになる。店の引き戸を開けると、おでんの出汁のいい匂いと、ふんわかホッとする空気が流れてきて、うれしいのだ。

悦の女将・河口悦子さんは、悦ちゃんと呼ばれ、親しまれている（お愛想笑いが苦手なところも、私には好ましい）。店の看板はおでん。鶏ガラやイリコ、昆布などでとった出汁は、試行錯誤の末に行き着いたすっきりした味わいで、旨味がギュッと詰まっている。開店当初からおいしいと思っていたけど、ここ数年の進化はすごい。こう思っているのは私だけではないらしく、常連さんからも、前よりももっとおいしくなったと声をかけられるのだとか。

一般的におでんというと、練り物のイメージが強いが、悦のおでんは野菜が多い。カウンターの奥では大きなおでん鍋が湯気を立ち

美しい漆椀や青磁など和食器の
器使いも目のごちそう

てきぱき切り盛りする手際。「料理はセンス」とつくづく思う

お出汁の滋味深さに、体がよろこぶ

上らせる。人気はなんといっても季節の野菜盛りだ。自慢のおでん出汁の中で、じっくり味がしみた大根やジャガイモ、ニンジン、出汁の中でさっと泳がせた青菜など、それぞれに仕込みが異なる野菜たちが一皿に盛り込まれ、外食続きの旅人の体にも、疲れた日にも、本当にうれしい。おでん出汁と一緒にお椀仕立てで出てくる、モズク。自家製がんもどき、黒コショウがピリリと効いて軟骨の食感がいい自家製スパイス鶏つくね、葛切り、鴨ネギなど、季節によって、日によって変わるが、オリジナリティあふれるおでん種と出合えるのが楽しい。また、博多ならではのおでん種「餃子巻き」（餃子を練り物で巻いたもの。博多ではポピュラーなおでん種）は、餡から作った自家製。観光に来たならぜひ味わってほしい。おでんは冬、というイメージが強いが、悦のおでんは1年を通していつも食べ頃。元気をくれる。

悦ちゃんは30歳を過ぎてから飲

悦ちゃんの故郷・北九州名物、
イワシの糠炊き。糠床も自家製

食の道に入り、8年前に店を構えた。修行経験は短いが、その分とても勉強熱心だ。店をオープンした後、改装のために店を休んだ。その間、知り合いの店でアルバイトしたそうだ。他店で働き、いろいろなことを吸収しようとしているのがよくわかった。そして、再オープンしたとき、おでんの出汁が一層おいしくなり、メニューも増えた。また、大阪や京都などの人気店ものぞき、そのたびに新たなメニューにチャレンジする。だから、悦は、いつも進化中なのだ。

日本酒大好きな悦ちゃんは、日本酒も厳選したものを揃えている。メニューにはない銘柄があるので、相談するのがおすすめだ。

住　所　福岡県福岡市中央区西中洲
　　　　3-19 ベイヒルコート１階
電　話　092-724-3136
時　間　18：00 ～ L.O.24：00
　　　　（早じまいの場合あり）
定休日　日曜日（不定休あり）
最寄り　地下鉄「中洲川端」駅

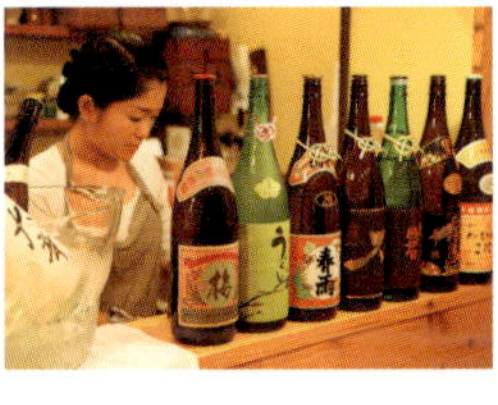

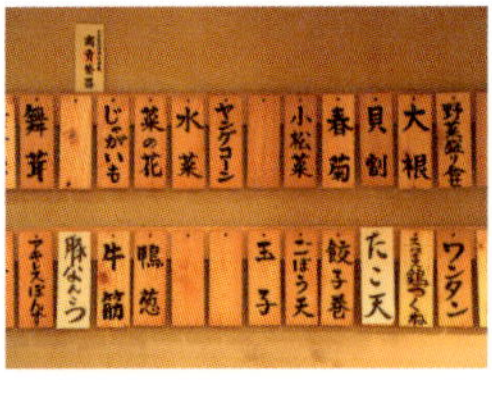

08 New Kyushu Trip
北部｜福岡市｜パン

circa《チルカ》

かわいいパン屋さんのコッペパンサンド

クリームたっぷり、あんホイップ

女子人気の一番はフルーツサンド

博多駅から西に向かう住吉通りは交通量の多いバス通り。そこから1本南に入った細い通りに「チルカ」がある。瓦屋根の2階建て、3軒長屋の一番左だ。いかにも昭和な時代を感じさせる建物は、古びているが雰囲気がいい。バスの車窓から、その風景を見つけ、思わず降りて立ち寄った客がいたほどだ。

チルカは、隣（3軒長屋の真ん中）のビストロ「ラ・トルチュ」の2号店としてオープンした。トルチュで料理とともに出すパンが好評で、ついにパンカフェを出すことになった。このパンを焼いているのが、古里のり子さん。常連は親しみを込めて「のりちゃん」と呼んでいる。

のりちゃんは、デパートの酒類売り場勤務をきっかけにワインに興味を持ち、その対象がワインに合うパンや料理にまで広がったという。さらにフランスにも興味を持つ。市内の人気ビストロで働きながら、パン屋のアルバイトをかけ持ちしたり、フランスに語学留学しながら、現地のパン屋やワイナリーで働いたり。さらに東京のビストロでも働いた。「そこのパンはおいしかったの？」なにげない質問に、「自分がおいしいと思わない店じゃ勉強にならないでしょ」と返された。なんだかのりちゃん、かっこいい！

フランス帰りなら店で出すパンはバリバリのハード系かと思いきや、看板商品はコッペパンサンド。甘辛いろいろな具材の中からお好みを選び、コッペパンに挟んでもらう。作り置きはせず、注文を受けてから挟むので、国産小麦で作られたパンがふわふわ、もちもちで食べられる。一番人気は「ナポリタン」、甘いものなら、「あんホイップ」だそうだ。コッペパンというイメージからB級なのかと思って食べてみると、全然違う！昔、給食で食べていたコッペパン、もしくはスーパーなどで売っている、大手パンメーカーのあのコッペパンなどとは生地からしてまったくの別物なのだ。

パンがおいしいだけではない。挟む具材も隣のラ・トルチェのオーナーシェフ・山口辰弥さんのレシピで、本格的なビストロメニューが、チルカ特製のパンと一緒に食べられるなんて、すごく贅沢だ。

ちょっとレトロな味わいの店内には、どこかゆっくりした空気が流れている。古いガラスが使われた入り口の引き戸が、この店によく似合う。ガラス越しに空が見え、時間の流れや季節の移り変わりが感じられる。それは、直接パン作りには関係ないけれど、パンが心地よく発酵する場のように思えるのだ。

さて、目下のりちゃんは天然酵母に夢中。次なる展開が愉しみだ。

住　所　福岡県福岡市博多区住吉4-10-20
電　話　092-474-7616
時　間　平日11:30～15:00、17:00～21:30
土曜日11:30～16:00
18:00～22:00
定休日　日曜日、月曜日（不定休あり要確認）
最寄り　地下鉄「渡辺通」駅
または西鉄バス「住吉」停留所
H　P　https://www.facebook.com/pages/Circa- チルカ/1435997760003727

おかずコッペのナポリタンサンド

パンが焼きあがって幸せそうな店主・のりちゃん

09 New Kyushu Trip
北部 | 福岡市 | 喫茶

珈琲美美

Coffee Bimi

時間を豊かにしてくれる、
1杯のコーヒー

濃く深い、コーヒー時間へ誘われる

店主・森光さんの所作に見惚れる

福岡市立美術館近く。福岡市の中心部から遠くない場所にもかかわらず、護国神社や福岡城址のまわりの緑豊かな場所に、「珈琲美美」はある。店に入ると、ふくよかなコーヒーの香りと、静かな空気が流れている。カウンターの中にいる店主・森光宗男さんは、いつも穏やかな笑顔で迎えてくれる。

小さい店だが、日本全国のコーヒー通に知られている。出張などで福岡を訪れると、どんなに忙しくても時間をやりくりして美美に立ち寄る。そんな人々が大勢いるのだ（私が知っているだけでも数名、次の予定がギリギリでも美美に寄ると言って譲らない人がいる）。そしてコーヒーを飲んで満足そうに立ち上がり、また忙しい仕事へ戻っていく。

コーヒー一杯一杯に手がかかっている

森光さんは、１９７２年から５年間、「吉祥寺もか」（コーヒー通には伝説の名店らしい）で働いた。その間も、いろいろな店のコーヒーを味わい、深く学び、１９７７年、福岡市の今泉に珈琲美美を開店した。そこは間口の小さな、不思議な雰囲気の店だったが、入ると落ち着いた。なにより、ここのコーヒーが好きな人ばかりが集う店だったから、居心地がよかったのだ。現在地に移ったのは、２００９年のことだ。当然店は新しく、きれいになったが、その空気感は不思議と変わらない。

森光さんは現在でも、豆の産地の視察旅行を続けている。自身で厳選した豆を、自家焙煎する。注文を受けてから、豆をさらに吟味し、挽いて、ネルフィルターで丁寧にドリップする。その一連の動きは、神聖な儀式のようでもある。少しずつ、少しずつ湯を注ぐ、それをカウンターから眺める時間が心地いい。そうして時間をかけて目の前に出てくる琥珀色のコーヒーは、なんとも濃く、深い。自分のために、こんなに丁寧にいれてもらった一杯。本当にありがたく味わいながら飲みたいと思う。

住　所　福岡県福岡市中央区赤坂 2-6-27
電　話　092-713-6024
時　間　11:00 ~ L.O.19:00
店休日　月曜日、第１火曜日（祝日の場合は翌日）
最寄り　地下鉄「六本松」駅、「赤坂」駅または西鉄バス「赤坂三丁目」停留所
H　P　http://cafebimi.com

ガレットを焼く原田さん。ボーダーのシャツがよく似合う。この日は、スタッフも全員ボーダーだった

10 New Kyushu Trip

北部 | 福岡市 | ガレット

Le Puits《ル・ピュイ》

パリマニア原田さんの楽しいガレット専門店

私事から話が始まって恐縮ですが、私はちょっとしたフランスかぶれで、たびたびパリに行く。その目的は食べ歩き。ただし、星つきの気どったレストランより、食堂が好きだ。20年以上前に初めてパリの食堂で食事して、気取らない雰囲気や、食堂料理に夢中になった。よく食べ、よく飲み、よくしゃべる。食堂で見せるフランス人たちの素顔が好ましかった。以来、フランス通いが始まったのだ。だって当時の博多にそんな店はなかったから。

それから数年たってオープンしたのがボンジュール食堂だ。気軽な内装やプリフィックス（メニューから、好みの前菜やメインを選んでコースを組み立てる）で、2000円くらいで味わえる気軽なフレンチは、若者たちに受けた。それから福岡周辺で生活するフランス人たちが、ここに通い始めた（本物の証し）。私と同じようなフランスかぶれと遭遇する確率が極めて高い店となった。

その立役者が、オーナーの原田大輔さんだ。ボンジュール食堂で初めて食事して以来、原田さんにほれ込み、通い続けた。おかげでフランス旅行にご一緒できるまで距離を縮めた（と自負。ただし、2人きりではない。すごく大勢）。そして、知ったこと。原田さんは、かなりカタチから入る人だ。だから「フランスの食堂みたいな店」がつくりたかったわけじゃなく、そのまんまフランスに持っていってもOKなくらいの店でなければならない。料理だって、盛りつけだって、日本人の口に合うようなアレンジもナシだ。

　そんな原田さんが、ボンジュール食堂と同じ並びにオープンしたのはガレット専門店の「ル・ピュイ」だ。ブルターニュ地方発祥のガレットはそば粉のクレープで、フランスならクレープリーで食べられる。パリには、こういう店が数店並んだクレープリー通りもある。最近は、日本のカフェなどのメニューで見かけるが、なかなか専門店は見かけない。凝り性の原田さんが構えたガレット専門店。とても興味深い。

　ここでも原田さんのこだわりを一つ。シードルだ。本場でガレットに合わせるのは、シードルというリンゴを原料にした発泡酒。なぜかフランスではシードルをグラスでは飲まず、シードルカップという陶器の器で飲む。ネットで調べると、おしゃれなシードルカップもあるのだが、パリの老舗に行くと判で押したように茶色系のカップばかり見かけたものだ。そして、原田さんが選んだのも薄茶色。そもそも、グラスで出しても誰も文句は言わないはずだが、原田さんはフランスと同じシードルカップでなければならないと考える。昼下がり、サビニャックのポスターやフランスの小物に囲まれてガレットを食べ、シードルを飲んでいると、パリにいるような気分になる。ル・ピュイはそんな店だ。

エスプレッソのカップだってパリ風味

　おもしろいので原田さんの凝り性の話をもう少し。ムール貝を出すとき、食べ終わった殻を捨てる容器が欲しくて、ベルギーに本店を構えるチェーン店のレストランと交渉。パリから独特のムール貝の殻入れ（ボンジュール食堂でムール貝を食べると出てきます）を抱えて帰国したり、大好きな食堂のボトル（今もボンジュールで使用中）が欲しくて譲ってもらったり、そんな話は数限りなくある。原田さんがパリに出かけると、帰りの荷物はすごいらしい（さすがにその姿は見たことないけど）。店の小物やスタッフが身につける

Le Puits

エプロンなんかも、パリからお気に入りを買ってくるとか。そういえば、ボンジュール食堂がオープンしたての頃、ナイフやフォークがペコペコで、力を入れるとグニャッと曲がってしまって大笑いしたことも。安食堂の雰囲気を出すために、わざわざパリからそういうものを探して買ってきたらしい。原田さんのパリ滞在はそんな店を延々巡る旅、ブランドショップにも美術館にも行かず、厨房機器や食器の専門店、のみの市を回り、そして、気になる食堂を食べ歩く。パリの食堂料理や素材使い、雰囲気まで、吸収し尽くす勢いだ。

もちろん味も本場に近づけたい。最初の頃のガレットは、ハム、チーズ、卵やラタトゥイユやホウレン草クリームなどオーソドックスなメニューから始まり、最近は季節ごとにいろいろなメニューが加わる。そば粉のクレープの上に、原田さんならではのセンスで作られた料理が盛り込まれている。

一番プレーンな「ハム・チーズ・卵のガレット」

現在ル・ピュイのガレットメニューは20くらい。そのほかに、季節のガレットもある。デザートクレープもある。パリのクレープリーだと、ガレットを食べた後、デザートに甘いクレープを食べて食事を締めくくる。もちろん、ル・ピュイでも、そんなしゃれた客を見かける。原田さんは、心の中にそうとう大きなこだわりを抱えているはずだが、それを人に押しつける人ではない（料理に関しては譲れないから、店のスタッフにはこまかく言うようだが）。店を見回し、ガレットを食べ、シードルを飲んで、その片鱗を感じとれたら原田さんの向こうにパリの風景が見える、かもしれない。

住　所　福岡県福岡市南区
　　　　塩原 3-26-23
電　話　092-555-4288
時　間　平日 12：00 ～ L.O.14：30、
　　　　土日 12：00 ～ L.O.15：00
定休日　不定休
最寄り　西鉄天神大牟田線「大橋」駅

アールヌーボー調の窓など、往時をしのばせる洋間

11 New Kyushu Trip
北部 ｜ 福岡・筑後 ｜ 鴨料理

さとう別荘

Sato Besso

天然鴨料理の伝統の地・小郡で、和のジビエを味わう

日本でも定着しつつあるジビエ。本来は、食材とされる捕獲された野生動物を指すといわれ、フランス料理の冬の美味として、食通たちを喜ばせている。西洋の食文化と思われがちだが、日本各地にも、狩猟期間だけ味わえる野生鳥獣は数々ある。小郡（おごおり）の鴨もその一つだ。

小郡は福岡県の中央部に位置し、宝満川（ほうまんがわ）両岸の豊かな穀倉地帯を背景にして、豊かな文化や歴史が育まれてきた。長く続く真鴨猟もそうだ。台地が多く、農業が盛んで、ため池が随所に設けられているため、どうやら鴨にとっては居心地のいい環境が整っているらしい。それで渡来した鴨を捕獲する猟が、旧藩政時代から行われてきた。今も秋の彼岸を過ぎた頃、シベリアの鴨は、寒さを避けて小郡の地へと渡ってくる。

特徴的なのは、「無双（むそう）網」と呼ばれる伝統猟法だ。鴨が朝夕に餌を食べる習慣を利用して、網を仕かけて、息をひそめる、鴨が集まったところで網にかけるというわけだ。捕獲された鴨は、地元だけでなく日本全国の食通をうならせている。

美しい庭を渡る太鼓橋など和の趣にやすらぐ

名物「狩場焼きの鴨とネギ」は先代が考案し特別に作らせた鉄板で食す。小郡の真鴨は沈んだ色の赤みが特徴

ほがらかな笑顔で迎えてくださる店主の有岡ご夫妻。夫唱婦随で鴨愛を供す

忘れられない鴨づくしを味わいに

この貴重な鴨料理が味わえる「さとう別荘」は、地元の素封家が大正時代に建てた別荘をそのまま利用した一軒家レストラン。建物に入るだけで、今日の料理への期待が高まってくる。立派な門、玄関、磨き抜かれた廊下、なんと家の中に太鼓橋がある！　そして、すてきな洋間も。リクエストがあれば、この洋間で食事することも可能らしいが、やっぱり庭に面した和室の方が風情はある。ちなみに和室ではあるが、畳の上に椅子とテーブルも用意され、膝や足、腰が痛い方にも親切だ（部屋のリクエストは、予約時にご相談を）。

料理はコースで一品ずつ出されるが、まず、刺し身のまったりした味わいに驚かされる（鴨に詳しい人がみんな「刺し身も食べられるの!?」と驚くので、鴨の刺し身はかなり珍しいのではないかと思われる。ぜひ、味わってほしい）。この一皿で、来て良かったと感激だ。

メインは狩場焼き。かつては藩主も猟の途中に鴨を焼いて食べたという言い伝えに由来する小郡の伝統的な鴨料理だ。さとう別荘の先代が考案したという特製の鉄板は、ネギと鴨を載せるところが段違いになって、焼き具合調整のための工夫が施されている。やっぱり鴨とネギは相性抜群。食べるときは、自家製のおいしいポン酢も用意されているが、塩で食べるのもいい。塩も厳選されたものが用意されているのだが、常連、それもかなりの常連になると、「これ小郡の鴨に絶対合うと思ったんだ」などと、自分で選んだ塩を持ってくることもあるという。

フランスのジビエの鴨は内臓ごと熟成させるが、さとう別荘では内蔵を除くため臭みや雑味はいっさいなく、身にぎゅっと詰まった旨味がストレートに味わえる。国内外のいろいろな鴨、いずれとも違う豊かな味の深み。初めてここの鴨を食べた人は「今まで食べていた鴨はなんだったの？」とうなる。一度味わうとかなりの確率で

さとう別荘

1. 華麗なる鴨の宴。刺し身は、ささみ、砂肝、むね身。稀少なので3種揃わないことも　2. 鴨鍋　3. 鴨ごはん　4. 鴨がめ煮

リピーターになり、狩猟解禁の声を聞くとそわそわしてしまうようになる。

かくいう私も、ここの鴨の味を知ってから、毎年、狩猟解禁の11月15日になると、鴨のことを思うようになった。家族の誕生日を忘れても、結婚記念日を忘れても、なぜかこの日は忘れない！　11月の声を聞くと、もうすぐだなと、小郡に想いを馳せるのだ。

コースは続き、煮物や揚げ物、鴨のフルコースなら鍋まで味わえる（鍋のコースもある）。飛来直後の鴨は、長旅の後で、身が締まっている。それが、1カ月もたつと環境にも慣れ、餌を食べて、脂が乗ってくる。狩猟期の終わりの頃、そろそろシベリアへ飛び立つ前には、鴨は本能で体を軽くするためにダイエットを始めるらしい。ひと言で鴨といっても、時期により味が変わるというのだ。だから、通の客は狩猟期に3度も訪れるという。そして、味の変化も楽しむのだとか。料理の合間に聞く、そんな女将の鴨話も楽しい。骨つきの鴨の食べ残しをやんわり注意されたことがある。せっかくの鴨、余すことなく食べてほしいと。そんなところも、女将の鴨への愛が深いところだ。以来、遠慮なく骨をしゃぶることにしている、確かに骨についた肉は、格別においしい。まさに鴨を味わい尽くすコースなのである。

鴨猟は2月15日で終わり、「今年も終わったねぇ」と寂しくなる（保存したものがあるので、2月いっぱいくらいはコースも大丈夫だが、刺し身がむずかしくなるらしい）。鴨好きの心は次の狩猟解禁へと向かっている。

住　所　福岡県小郡市小郡 1281
電　話　0942-72-3057
時　間　12：00 ～ 22：00
定休日　無休（盆・正月のみ休）
最寄り　西鉄「西鉄小郡」駅
H　P　http://www.satou-bessou.com

12 New Kyushu Trip
北部 | 福岡・筑後 | ショップ

PERSICA《ペルシカ》

久留米発のスニーカー×暮らしのエッセンス

住　所　福岡県久留米市小頭町10-9
電　話　0942-34-3883
時　間　11:30～19:00
定休日　月曜日（祝日は営業）
行き方　西鉄「西鉄久留米」駅から徒歩10分
H　P　http://persica-pantry.com

ムーンスター、アサヒコーポレーションの定番品にレア品も

1. 1階は体にやさしい食材やデリ、キッチンツールが中心　2. 2階は「メイドイン久留米」のスニーカーをメインにウエアを展示　3. 実用的でデザインも秀逸なものが見つかる　4. イートインスペースではランチもできる

実用的でおしゃれな「とっておき」

このところ「土地のよきもの」を教えてくれる、地方の目利きのショップをわざわざ訪れる「お買いモノ旅」が今どきになってきた。そうしたおしゃれ感度の高い旅人を急激に集めているのが、2012年にオープンしたこの久留米発のライフスタイルショップ。

趣のある木の扉をくぐると、1階は食を中心とした構成。国内外からセレクトした食材やキッチングッズ、デリコーナーがあり、物欲食欲をまんべんなく刺激する。店の奥には木漏れ日の中庭、その向こうにカフェ空間もあって、インテリアのセンスもすみずみまですてき！「ゆっくりとモノを見て、食べて、おしゃべりして、またモノを見て……。半日いられるわ」とおっしゃる常連の言葉に素直にうなずける。

「自分たちが気に入っている、地元のケータリングの惣菜を入れたり、体にやさしい食材を入れたり……。1階がこういう店になったのはなりゆきなんです（笑）。じつはメインは2階の久留米のスニーカー」とほがらかに語るオーナーの牟田裕一さん。

久留米といえば、「ムーンスター」「アサヒコーポレーション」という2大メーカーがあるスニーカーの産地。若い頃に靴にまつわる仕事をしてきた牟田さん。地元のご縁もあってムーンスターやアサヒの社員とのつながりもあり、製作の現場に触れる機会を得て、「世界レベルで通用する技術による、スニーカー作り」の魅力を強く感じてきたという。

「『メイド・イン・久留米』のスニーカーを、地元で伝える役目としての店があってもいいんじゃないかと思って」と牟田さん。

旅のテーマは「久留米にスニーカーを買いに！」。ネットでは伝わらない土地の空気や人のつながりがあって、ストーリーのあるモノとの出合いが楽しみだ。

13 New Kyushu Trip
北部 ｜ 福岡・筑後 ｜ ショップ

うなぎの寝床

Unagi no Nedoko

九州のモノづくりの
魅力を再発見！
編集型のアンテナショップ

古民家の白いのれんをくぐって、ショップの中へ。土間に靴を脱いで上がると、伝統工芸品や作家もの、特産品などがずらり。竹籠に木綿のはんてん、けん玉に有明海苔……。どれも懐かしくもデザイン性を備えた品揃えに、たちまちお買いモノ心をくすぐられた。

福岡市八女市。国の重要伝統的建物群が残る地区の真ん中にある、九州筑後地方のモノづくりを伝える、新しいスタイルのアンテナショップがこちら。作り手、使い手、まちづくり、さまざまな方面から注目されていると聞いてずっと訪ねてみたかったのだ。

もともとデザインを学んでいた代表の白水高広さんとバイヤーの春口丞悟さんは、厚生労働省のプロジェクトで、この筑後地区の「伝統工芸など『モノづくりDNA』を再発見し、次世代につなぐ」活動を経て、２０１２年に「うなぎの寝床」を立ち上げたそう。

「現在紹介しているのは60社ほどのメーカーや作り手。修理も受けているため、『車で1日で仕入れられる生活圏内のモノ』とエリアを決めています」。セレクトのモノについて、つくり手や使い方を教えてくれる白水さんたちの話の端々に、客観的な視点とともに、とっても熱いものを持ち合わせて活動しているのがうかがえて、こちらまでワクワクしてしまう。

作り手や伝統産業のメーカーとのコラボレーションも育ち、中でもヒット商品が久留米絣の「MONPE（もんぺ）」。白水さんたちが生地作りから手がけるオリジナルの久留米絣は今らしさのある色柄で、ワークパンツとして着心地抜群。ファンは全国に広がっているそう。自分土産に買って損なし！

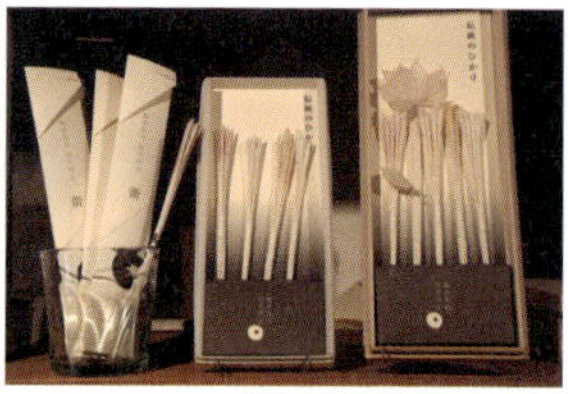

「筒井時正玩具花火製造所」の線香花火

オリジナル久留米絣もんぺは全国で人気

住　所　福岡県八女市本町 267
電　話　0943-22-3699
時　間　11:30 ～ 18:00
定休日　月～水曜日（祝日は営業）
行き方　八女 I.C から車で 10 分
H　P　http://unagino-nedoko.net

手仕事の暮らしの道具が所狭しと並ぶ。お買い物熱がふつふつ！

14 New Kyushu Trip
北部 ｜ 福岡・筑後 ｜ コーヒー焙煎

COFFEE COUNTY
コーヒーカウンティ

つくり手と豆のストーリーを伝える焙煎

住　所　福岡県久留米市蛍川町 10-5
電　話　0942-27-9499
時　間　11:00 ～ 18:00
定休日　祝日
行き方　西鉄「西鉄久留米」駅から徒歩 10 分
H　P　http://coffeecounty.cc

ペルシカの牟田さんイチ押しの寄り道がここ。コーヒー通には、日本のトップレベルの焙煎士と知られる森崇顕さんが、２０１３年にオープンした焙煎所だ。

「コーヒーは好きだけどウンチクはほんの少しでいい」なんて思っている私のような無粋者にも、森さんが物語るコーヒー農園やそこで働いている人たちのことを交えた豆の話はおもしろくって聞き入ってしまった。

なにしろこの店を開く直前の約３カ月間、中南米のニカラグアの農園に住み込んで、コーヒー作りを肌で学んできた森さん。どの店でもある自家ブレンドがないのも「生産者が丹精した豆にちゃんと向き合い、それぞれの豆の個性を伝える味づくり」が目指すところの焙煎スタイルだから。

豆選びに迷って１杯試飲（３００円）した。驚くほどフルーティな味わいのコーヒーには、農園に吹く緑の風や、豆を育てる人の日焼けした笑顔がふっと感じられた。

1. コーヒー好きの信頼厚い焙煎家の森崇顕さん　2. ワイン？　ではなく、ドロップコーヒーを瓶詰めした「カフェヴィノ」　3. 扱っている豆は１年以内のニュークロップ　4. 豆選びは試飲をして

1. リアル「川のじ」が体験できる宿泊ルーム。清潔な畳の部屋が気に入って長期滞在の人も　2.3. 近隣には木工作家や切り絵作家や窯元があちこちに　4. リビングルームとキッチン。リピーターが増えてお酒のキープも充実（笑）

15 New Kyushu Trip
北部 ｜ 福岡・筑後 ｜ 宿

泊まれる町家 川のじ

Machiya Stay Kawanoji

町屋暮らしを楽しむ

福岡市内から日帰りできる距離だが、せっかくならば「うなぎの寝床」を起点に、古い街を散策したり、筑後の近辺のつくり手を巡る旅も楽しい。

滞在にうってつけなのが「うなぎの寝床」のお隣に2014年にオープンした、この古い町家の宿泊空間。最初にここを旅人の宿場として立ち上げたのは、地元・八女出身でUターンしてきた柴尾悠さん。自身も国内外の旅先でゲストハウスを利用してきた経験から、思い立ったそう。

「昔ながらの町屋暮らしには、現代の住空間にはない新鮮な驚きがあるようです。田舎のおばあちゃんちにいるような、小さなお子さんにそんな体験をさせてあげたいと、家族連れで泊まる方もいらっしゃいます。滞在中にご近所さんと仲良くなる人も。土地の人たちとの出会いも宿の魅力です」

部屋は最小限のシンプルな設備だが、清潔で、何より町家暮らしの趣がたっぷり。2015年の夏からは、よりゆったりくつろげる貸別荘タイプの宿へと、営業形態が変わる予定。ますます「暮らすような旅」がかなえられそう。

住　所　福岡県八女市本町264
宿　泊　1泊1名4000円（6〜8人で）
※詳しくはHPをご確認ください。
行き方　「うなぎの寝床」隣
H　P　http://yame-machiya.net

関門海峡を渡ると、対岸は下関。戦前までは外国航路の拠点、貿易港として栄えた港町にはレトロな建造物が数多く遺る

16 New Kyushu Trip
北部 | 北九州 | アート

アーティストを訪ねて門司港へ

Go to Mojiko

黒田征太郎さんの旅の眼

黒田征太郎（くろだせいたろう）
1939年大阪府生まれ。イラストレーターとしてポスターや挿絵で数々の賞を受賞するとともに、壁画制作、ライブペインティング等幅広いアーティスト活動を展開。1992年からNYに18年在住し、上海などの街を経て、2009年から門司港を拠点とする。環境・社会問題にもアートを通して様々な形で取り組んでいる。

気持ちがいい場所へ、東へ西へ

「旅は、移動ですワ」親しみのある関西のイントネーションでつぶくと、長身の体をかしげてニカッと笑う黒田征太郎さん。世界的に活躍するイラストレーターでアーティストなんて肩書きも76歳という年齢も、世間の枠をひょいっと飛びこえた自由な旅人の佇まいだ。「生きてることは動くことでしょう。生まれてから一歩も動かない人はいないけれど、ボクは子どもの頃に家出をして、その延長で転々として、引っ越しは60回くらい。運命というか性分というのか、ボクの場合。流れて動いて、絵を描いて、ずっと旅が続いているようなもんです」そういってガラス窓の小鳥を絵を、目を細めて眺めた。

黒田さんは今、門司港駅のすぐそばにアトリエを構えている。ニューヨークに18年暮らし、上海に1年過ごした後、２００９年から門司港に移住。気分よく絵が描けるところを求めて九州へ流れ着いたわが身を、まるで寅さんやね、と言い足して笑った。小倉の街で絵を描くのにぴったりの木のカウンターのあるＢａｒに流れつき。人との縁がつぎつぎ繋がって、北九州空港のトイレに絵を描いたり、修復工事中の門司港の壁面をギャラリーにしたり。気づけば北九州のあちこちに黒田さんは、アートのタネを蒔いていた。

「父親も筑豊の出という縁もある。人情があって、生まれ育った大阪と似とるし。本能的に居やすいんです、北九州は。それにこの門司は、戦後大陸からの帰って来た人たちの復員の地で、大陸の〝どんつき〟。いろんな事情を抱えた人たちを迎えてきた土地で、流れものにやさしいと思う」。

人は旅する動物だと述べていたのは、哲学者・パスカルだったか。黒田さんの旅の道ゆきも、そのままに。何かを感じた方へ流れ、心地よければ足を止めてみる。体の芯に息づいているアンテナの標す道を大切に。それが「自分らしい旅」の心得えと教わった気がする。

旅 → イノチのころがりよう

屋外画廊
「門司港ドリームギャラリー」

保全修理中のJR門司港駅を囲む工事の壁をアートで飾る

どこへゆくのかな
門司港駅が美しい
姿をあらわすまで
工事現場を
楽しんでいただこうと
カンモンダコを
描いたのですが
どうしても
一枚だけタコ達の
そばを走っている
船がかきたくなり
ました
この船は古い昔の
貨物船でコンピューター
などつんでいず
人間達が汗を
流して航海していたのです
イキモノに近かった
のです。

古びた
工場の
あいだから
ちらりと
見える
生きかえった
海

黒田さんの絵とことば。心が動く

日本へ外国へ、今でも旅を続けている黒田さんだが、これまでの人生、名所旧跡を訪ねることは一切したことがないと語る。

「NYには18年も住んでたけれど観光名所巡りはしたことがないから知らんけれど、日本人が1人もいないオモロイＢａｒや、すごっくきれいな夕陽を観る場所なら知っているヨ」

そんな黒田さんがここ数年気に入っている地元旅が、普通電車で巡る「北九州ぐるり」。ルートはアトリエのある門司港発で、若松から戸畑を巡り、門司港へ戻ってくるというもの。「海岸に沿って工場が建ち並ぶ街があります。石炭、製鉄所、日本のある時代を支えてきた風景ですよ」豊かさを求めて国の礎となったその景色を眺めておくといいと思う、としゃべりながら手を紙に走らせ、教えてくれたのがご覧の絵である。取材当日その足で、その電車旅をやってみた。次ページ、九州の鉄たび① 「普通列車で北九州ぐるり」はそのささやかなご報告——。

かつて国家のため
に使いすてられ、
死の海、ドロの海と
言われていたが
市民の人達の
気持で
生き返った
海です。

Rail Road column 1

普通電車で北九州ぐるり

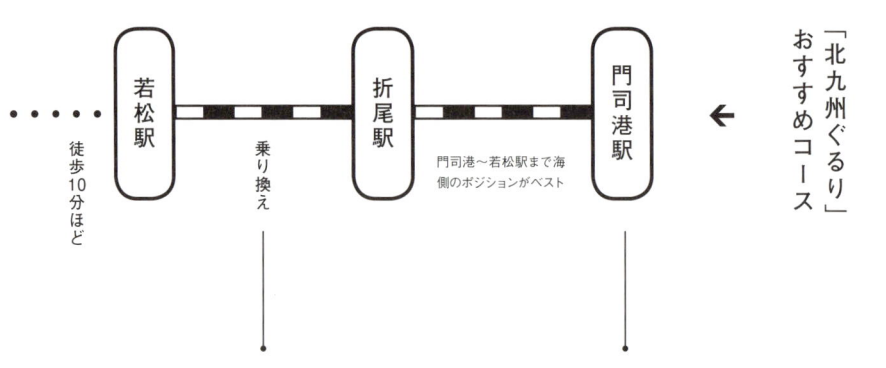

「北九州ぐるり」おすすめコース

門司港駅 → 折尾駅 → 若松駅

門司港〜若松駅まで海側のポジションがベスト

乗り換え

徒歩10分ほど

門司港駅からJR鹿児島本線の普通電車で、折尾駅で乗り換え、若松駅に向かう。通勤や通学の人たちに混じり、日常の中の非日常感が楽しい

明治24年に建てられた門司港駅。ドイツ人技師が監修した木造駅舎は往時のハイカラな空気が流れている。レトロユニフォームの駅員さんもステキ

前出(P.44-49)の旅の達人・黒田征太郎さんに教わった「北九州ぐるり」の鉄旅をやってみた。スタートは門司港から、JR普通列車に乗って、途中折尾駅で乗り換えて、若松駅へ向かう。鉄則は、「海側の席に乗る」こと。普通電車でのんびり進行し、車窓から洞海（どうかい）湾の海沿いの工場ばっかりの景色にちょっと視点をもって眺めてみるのが、この旅の「滋味」と黒田さんに教わった。

電車から工場の煙突を眺めながら、ふと「日本の四大工業地帯のひとつ」なんて教科書の文字をぼんやり思い出した。調べてみると、洞海湾の沿岸部の八幡周辺は製鉄所など工場が密集し、対岸の若松は石炭積出港。経済成長を目指すほど洞海湾は工場廃水で汚れ、1960年代には「死

門司港〜若松駅まで海側のポジションがベスト
戸畑駅からは戻る方向でルートを選んで

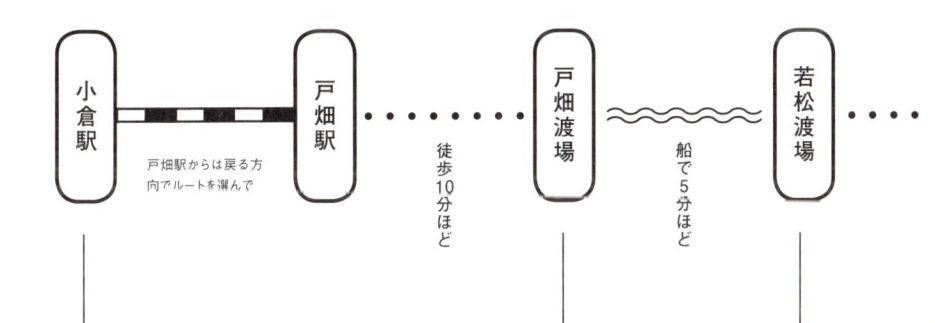

小倉駅 ―― 戸畑駅 ・・・ 戸畑渡場 〜〜 若松渡場 ・・・

戸畑駅からは戻る方向でルートを選んで

徒歩10分ほど

船で5分ほど

われらは小倉で途中下車して、黒田さんが愛する大人のバー「Bar 長屋」で軽く一杯
住所：北九州市小倉北区鍛冶町1-1-16-B1　電話：093-541-0703

若松といえば昔はコワモテなイメージだったけど、ステキ港町になっていた！　港まわりに「若松バンド」と呼ばれるレトロ建造物が現存し、渡場前にある「上野海運」の古ビル内にはカフェや雑貨屋さんが入っていて、女性に人気のより道。対岸の戸畑へは若松渡船で渡る。わずか５分ほどの船旅だけど、海の匂いをかぐと小さな冒険だ

の海」と呼ばれてたとか。魚一匹棲めないほどひどかったらしいが、車窓からのぞく海は、今は青く、とても穏やかな表情だ。そういえば「北九州市はエライんだよ」とも黒田さんは言っていた。「行政と市民の努力で海がきれいになって、いま魚も獲れるし車エビの養殖もしているよ。工場の景色のきれぎれに民家があって自然がのこっていて。そういう根づよい感じがいいね」

普通電車に乗って旅先の日常にするっと入って、いつもと違う視線で外を見てみる。何でもない景色の中に、今の日本の豊かさをきづいた歴史がひそんでいるんだと、はっとした。土地に積み重なった物語を透かし眺めることができれば電車は移動手段を超え、タイムトラベルの域ですナ。

※列車のルートなど詳細は JR 九州 HP にてご確認を。www.jrkyushu.co.jp/

17 New Kyushu Trip
北部 | 佐賀 | 宿・温泉

蟹御殿

Kanigoten

カニと温泉と絶景づくし 海ぎわの御殿で極楽気分

「蟹御殿」という宿の名前はちょっと驚きだった。なんてストレートな！　でもその宿を訪ねたら、イメージとはまったく違う上品でイマドキな造りだったのに、また驚かされた。蟹御殿は、「竹崎カニ」で知られる佐賀県の太良嶽（たらだけ）温泉にある。竹崎カニとはワタリガニの一種で、オスは夏、メスは冬がおいしい。1年を通して食べ頃のカニだ。これはかなりポイントが高い。スマートな名前ではないが、いかにもカニをたらふく食べさせてくれそうな宿名で、期待が高まる。

太良嶽温泉は有明海に面し、干満の差が大きな干潟にはカニの栄養になるプランクトンなどが多く生息するため、ここで育ったカニは格別に味がいいといわれてきた。この一帯では昔からカニ漁が盛んだったのだ。

当初はカニをとって売るだけだったが、そのうち一軒の漁師が、ゆでたてのカニを遠方からの客に食べさせるようになった。お

宿の夕食には竹崎ガニづくしのコースを。カニ釜飯もカニたっぷりで、満腹でも食べたい

酒も一緒に飲ませたりしたのか、温泉もあるし、満腹で気持ちよくなった客を泊まらせるようになったのだろう。周辺には、カニを食べさせる温泉宿が増えていったらしい。残念ながら、この最初の宿はもうない。あったら、きっとおもしろい話がいっぱい聞けただろうに。

蟹御殿は、現社長・荒川信康氏が2代目だが、比較的新しい宿である。旅館業を始めたのは１９９１年、それも荒川氏の父である先代が、「旅館をやるから」と突然言いだし、その時点で家族には内緒で宿の建物ができていたというからすごい話。当時2代目はまだ20代前半で、機械メーカーの営業をしていた。しかし突然家業となった旅館を手伝うため、翌年には会社を退職したのだそう。オープンがバブル崩壊期で、かなり苦しい局面もあったようだが荒川社長の才だろう、現在の蟹御殿はリピーター率も高く、人気の宿となって客を集めている。

1. 海を一望するロビー　2. 伝統の調理法「浜ゆで」の竹崎ガニ　3. カキ焼き小屋も人気　4. アジアンスイートの露天風呂

　蟹御殿の大きな2つの魅力は竹崎カニと温泉だ。「カニが一番たくさん食べられるコースを」とお願いしたところ、一番手頃な基本のプランをすすめられた。竹崎カニの旨味が一番際立つといわれるゆでガニが1人1杯。カニ釜飯もつく。私が宿泊した日は、生家がカニ漁師だったという仲居さんがテーブルについて見事な手際でカニをさばいてくれた。ワタリガニとはいえ大きくて食べごたえがあって、無口になってしまった。客室は風呂がついた部屋もあるが、館内の「有明海の湯」を利用しないのはもったいない。露天風呂をはじめ、大浴場、寝座りの湯、ミストサウナを備え、隣には貸し切り露天風呂が6棟、貸し切り半露天風呂が2棟ある。いずれも有明海を望み、リゾート気分で温泉が堪能できるのだ。中でも7階にある展望露天風呂からの眺めはすばらしい。ここ太良町は、月の引力がいちばん届く町として知られる。というのも有明海

住　所　佐賀県藤津郡太良町大浦乙 316-3
電　話　0954-68-2260
宿　泊　1 泊 2 食 14,900 円～
最寄り　JR 長崎本線「肥前大浦」駅
H　P　http://www.kanigoten.com

5. 焼きガニも風味よろし　6. リゾートの空気に浸る「離れ」　7. オーシャンビューの本館客室　8. 海際に建つ宿

は数時間で干満差が最大で6メートル。驚きの光景が見られるのだ。さらに朝焼け、夕焼けや夜空の美しさ、天気がよければ展望露天風呂から長崎県の普賢岳まで眺めることができる。

蟹御殿は、敷地内に4室の離れも造った。それぞれにテーマを持たせ、タイプの違う造りだ。露天風呂も備え、開放感がある。この離れができたことで、蟹御殿に新たな魅力が加わった。常連はすべての個室に宿泊し、お気に入りを決めているらしい。

冬になると有明海周辺では、道路沿いに焼きカキ小屋が立つ。バケツいっぱいのカキを客が自分で焼いて食べる。今や冬の風物詩で、これを目指して大勢の人が車を走らせる。蟹御殿の隣にも、カキ小屋が立つ。カキの他に魚介類やご飯類まであり、人気が高い。もし寒い季節に蟹御殿に泊まるなら、ぜひ味わって。有明海育ちのカキは、竹崎カニと同じく旨味がギュッと詰まって味が濃い。

住　所　佐賀県唐津市中町 1879-1
電　話　0955-74-6665
時　間　12:00～14:00、18:00～22:00
定休日　月曜日
最寄り　JR 筑肥線「唐津」駅
H　P　http://tsukuta.9syoku.com

18 New Kyushu Trip
北部 | 佐賀 | 寿司

鮨処 つく田

Sushidokoro Tsukuta

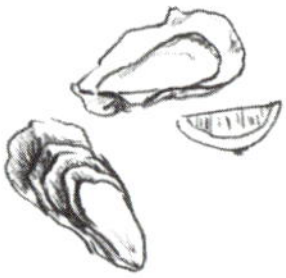

唐津で味わう、江戸前寿司のみごと

個室が１室設けられているが、やはり寿司はカウンターで食べたい。この７席のカウンターに座りたくて、遠方から大勢の客が訪ねる

唐津という地名は、「唐（大陸）に渡る津（港）」に由来するといわれる。九州と大陸に囲まれた海域から、玄界灘の荒波にもまれた新鮮な魚介類が水揚げされる魚の町であった。

唐津城下のありふれた古い商店街の中にのれんを出す「つく田」。知らなければ、通り過ぎてしまいそうな目立たない構えだが、関東や関西からも客が通う知られた寿司屋である。寿司は東京・銀座の「きよ田」直伝。この唐津の地で、江戸前の寿司を出す。

九州は新鮮な魚介類に恵まれ、魚、特に刺し身はさばきたてが一番という土地。対する江戸前は魚を寝かせたり、締めたりしながら旨味を引き出し、熟成させる。当初は、唐津の人々に受け入れられなかったらしい。しかし、いくら寝かせるとか締めるとかいっても、魚は新鮮である方が望ましい。古い魚に仕事をしても、それはせんないこと。そういう意味では、海に近く鮮度に恵まれた唐津の魚は、江戸前で食べても旨いのだ。
つく田の店主・松尾雄二さんは、唐津生まれ。実家も寿司屋で兄が店を継いでいる。実家を手伝っているときに、唐津を代表する陶芸家の中里隆氏を介して、きよ田の江戸前寿司に出合った。九州では寿司割烹の文化が根強いが、松尾さんは刺し身と寿司で勝負する姿勢も潔かった。東京と唐津を行き来しながら、技術や江戸前の考えかたを学び、唐津で店を開いたのは１９９３年のこと。カウンター7席だけの小さな店だった。

当初は江戸前のこだわりで、マグロなどは東京から取り寄せていたそう。でも現在は唐津の食材で握る江戸前の寿司を提供する。魚も松尾さんが信頼する魚屋から買い、寿司の前に気が利いた野菜を使った酒肴も出す。当初は作っていなかったが、日本酒好きの松尾さん自身が食べたいものを作っているそうだ。さらに最近は、カウンターには息子さんも入るようになった。

店主が特に美味という唐津産のイカに、甘み豊かなクルマエビや貝の握り。常連には旬菜でこしらえる酒肴が人気。器はほとんど隆太窯

変わらないのはその寿司の見事。つく田ならではの人肌のシャリの握りは、口の中でホワッとほどけ、ネタの旨味と溶け合う。松尾さんは「唐津は特に白身が旨い」と言うが、エビやアナゴもおいしくてため息が出る。季節を変えて、再訪したくなる港町の名店である。

つく田の寿司に心酔し、長く通うMカメラマンにその魅力について聞いてみた。「（熟考中）……親父が作るツマミかな……」（まさかの寿司じゃなかった！）。「寿司はもちろんおいしいよ、イカなんか、甘味が引き出されて旨い。赤酢と塩だけの寿司飯も、出会った当時は珍しくて、すごい店が唐津にあるなって思ったし」。でもつく田の無垢のカウンターで、野菜の酒肴をつまみながら飲んで、大将と他愛もない話をしている時間はとても幸せなのだそうだ。思えばそのための7席なのかもしれない。客に目が届き、会話もできる。この店のカウンターに座ったら、その時間ごと楽しむ。深いなぁ。

瓦や格子など随所に日本建築の美しさが垣間みられる佇まい

19
New Kyushu Trip
北部 | 佐賀 | 宿

洋々閣
Yoyokaku

随所にしみる、
逸宿のおもてなしを体験

老松の庭に面した客室
「飛龍の間」。海も近く、
心地よい風が通る

凛としたしつらえに、心洗われて

「唐津に『洋々閣』あり」といわれ、日本だけでなく世界中に、ファンがいる名旅館。多くの文人墨客にも支持され、フランス人で世界的ダイバーの故ジャック・マイヨール氏が愛し、常宿としていたことでもよく知られる。

明治大正の面影を残す木造2階建ての純和風建築で、回遊式庭園には黒松が群生して美しい。長い歴史を感じさせる建物は、4代目大河内明彦・はるみ夫妻が信頼できる建築家の手を借り、意匠や、先人の技をできる限り残しつつ、現代の客にも快適に使えるように、手をかけながら保たれている。昨今のはやりの宿のような華々しさはないが、歴史を重ねた和風旅館の風情を今も伝える宿である。

夕食は玄界灘の新鮮な魚介類の会席。アワビやオコゼ、アラなどテーブルに並ぶ美味の数々は食通をうならせる。黒毛和牛のしゃぶしゃぶも旅人に喜ばれている。その味は、さまざまな旅行雑誌や女性誌で取り上げられ、高い評価を得ている。しかし宿のすばらしさは、設えや食事ばかりではなく、こまやかな「おもてなし」こそが、魅力の本懐だと思う。館内のいたるところに活けられた可憐な花々。いつも磨き込まれた廊下や建具の心地よさ。部屋に入れば淡い香の香り、さりげなく置かれた針箱。心配りの行き届いた接客。玄関、ロビー、廊下、客室、どこにいても、居心地のいい宿だ。

この宿を語る上で、欠かせないのが「唐津くんち」だ。唐津くんちとは、毎年11月2～4日にかけて行われる唐津神社の秋季例大祭。その歴史は400年にもおよぶ。主役は、漆の一閑張で作られた14台の曳山（ひきやま）だ。この絢爛豪華な曳山を、揃いのはっぴ姿の若衆が独特のかけ声とともに引き回し、唐津の旧城下を練り歩くのだ。唐津っ子にこよなく愛されている祭りだ。仕事や学業で唐津を離れた人は、正月には帰省せず、くんちのときに戻ってくるという話をよく聞く。この祭りの名物料理がアラ（クエ）の煮つけ。各家庭では、くんちの期間中それぞれ

黒毛和牛のしゃぶしゃぶ。とろける美味です

夏の美味、オコゼづくし。器と料理を愛でて

さらりと「上質」を教えてくれる宿

にアラの煮つけやさまざまな料理を用意し、親戚や友達、そのまた友達、さらにその友達となど、多くの客人を迎えるのだ。何カ月も前からくんちの準備にとりかかり、そのために大枚をはたくので「唐津のくんち倒れ」という言葉まであるほどだ。唐津っ子はもてなしの精神が旺盛なのだ。

洋々閣もまた、くんちの期間は様子が変わる。昼間は客それぞれくんち見物などで過ごすが、夜は大広間で全員参加の大宴会となる。くんちの宴会は無礼講なのだ。洋々閣が準備した大きなアラの煮つけを中心に料理が並ぶ。日本各地から集まった客は知らない者同士、自己紹介して、歌ったり踊ったり、にぎやかなひと時を過ごす。上品な洋々閣の客人たちは、なかなか最初ははしゃげない。そんなとき率先して盛り上げてくれるのが、いつもはたおやかに接客をこなす中居さんたちだ。彼女たちの普段は見せない陽気な表情につられて、客の気持ちもほどけていく。オーナー夫妻も、そこに参加しながら、客と歓談し、宴会を楽しんでいるようだ。一見でも、常連でも、仕事や年齢の垣根なく、盃を交わし、大いに飲み笑うのだ。くんちの若衆や地元の商店の人など、地元の人々も大勢が宴会に顔を出す。その顔ぶれは多彩で、唐津内外の人が顔を揃える社交場となる。こうして祭りの宴会は夜遅くまで続く。

翌日、朝食会場の中居さんたちは「昨日はすっかりご無礼して、お恥ずかしいです」「女将に叱られそうです」なんて、しおらしいが、客はみんな知っている。彼女たちがいなければ、あの宴席があれほど盛り上がらないことを。こうして、何年も洋々閣のくんちの

いつもにこやかな宿のオーナー、
大河内明彦・はるみ夫妻

11月2～4日の唐津くんちの間は、宿をあげての祭り。10キロ超えのアラの煮つけがどーんと登場

大正時代から変わらぬ玄関。掃き清め、打ち水をする若旦那、大河内正康さん

宴会は続き、みなが楽しみにして翌年の予約を入れるのだ。

こうしたおつき合いの中で、大河内夫妻のお人柄もわかってくる。格式ある宿なのに、意外に気さくだとか。けっこうお茶目であり、博識であり、いろいろなことに深い見識を持たれている。語学堪能。なにより格別のおもてなしの心がある。やっぱり洋々閣は唯一無二の宿なのだと確信する。

さて、洋々閣は旅館だが、年に数回イベントを行い、10年前に銀行を辞めて若旦那となった正康さんが中心に運営されている。これが客はもちろん、出演側にも好評で、恒例イベントも少なくない。

それで、12月某日、ギタリストのコンサートに出かけた。コンサートといっても旅館内の設えはシンプルで、テーマに合った遊び心のある軽い食事が準備されていた。日が暮れた頃、照明を抑えた会場のギタリストの背後にはライトアップされた松の庭が広がり、その美しさがギターの音色とともに心に響く。客とアーティストの距離が近く、あたたかみを感じさせるコンサートだった。この時間や空間を醸し出せるのが、洋々閣のもてなしなのだろう。その心は、4代目から5代目へ受け継がれようとしている。再び洋々閣を訪れる日、変わらぬ風情で私たちを迎えてくれますように。

住　所　佐賀県唐津市東唐津 2-4-40
電　話　0955-72-7181
宿　泊　1泊2食 18,360円～
最寄り　JR 筑肥線「東唐津」駅
　　　　もしくは唐津線「唐津」駅
H　P　http://www.yoyokaku.com

ろくろに向かう中里花子さん。仕事ぶりに迷いはない

20 New Kyushu Trip
北部｜佐賀｜陶芸

Monohanako

モノハナコ

着替えるように
その日の気分で使いたい器

中里花子さんは、唐津を代表する陶芸家で世界的にも活躍する中里隆氏の次女として、種子島に生まれ、唐津で育った。16歳のときに単身渡米したのは、九州ジュニアチャンピオンにもなったテニスの腕を極めるための留学だった。テニス中心の高校生活の後、スミス美術大学に進学した。

24歳で帰国後、父の工房「隆太窯」で修行を始める。他のお弟子さんと分け隔てのない、雑用からのスタートだった。掃除や土もみ、薪割りなど力仕事もこなしながら、早朝や夜半に自分のためにろくろの訓練を重ねた。このときの修行が今につながっていることは確かだ。約3年の修行後、銀座での親子展を皮切りに、陶芸家として好スタートをきる。しかし花子さんの気持ちはアメリカにあったため、再び渡米。アメリカ人陶芸家マルコム・ライトの工房に席を置いた。日本で個展をして大勢のファンがいたが、アメリカから作品を送るという生活を続けた。

花子さんが唐津に工房「Monohanako」を設立したのは2006年のこと。英語で「一つの」という意味のmono。「やきもの」の「もの」。使い方に変化を与えることで「物」として、一つの使い方にこだわらず、いろんな器の使い方を楽しんでほしいという思いが込められている。また比較されることが多い父の中里隆氏や、唐

パートナーのプレィリーさん（写真右）と焼き上がりのチェック。作品づくりから事務的なことまで自分たちでこなす

表情豊かな器たちは、料理家のファンが多い

津焼とは異なる固有の陶芸をしていることの主張でもあるとも思われる。軸足を日本に移してからも、アメリカとの行き来を繰り返し、両国で作陶は続けている。

花子さんの工房は山深い高台にある。工房の中は、作陶、窯場、展示のスペースに分けられ、それほど広くはないがきちんと整頓された働きやすそうな仕事場だ。唐津にいるときは、ここで大半の時間を過ごすそうだ。

ろくろの前に座った花子さんの仕事は、驚くほど早かった。ひと塊の土はあっという間に器に形を変えていく。花子さんはこちらの質問にも気軽に答えながら、手は一定のリズムで動き続ける。月1回ペースの個展をこなせるのは、この手ワザとスピードあってのことだろう。

「器は使うもの、飾って楽しむアートではない」と言う一方で、「機能や実用一辺倒なのもどうかと思う」とも。やはり、遊び心や作り手の個性が感じられ、使う人が楽しい気持ちになるものがいい。フォルムや質感、色など、花子さんならではのオリジナリティが感じられ、使い手のイマジネーションを刺激する。この器になにを盛りつけようかな。器のために、新しいレシピにチャレンジしてみようかな。そんなことをいろいろ想像させる器だ。

器使いは「ファッションに近い」と言う花子さん。季節や折々、そのときのムードに応じて着る服を変えるように、器の使い方を工夫することで日常はもっとおもしろくなる。いかにも、おしゃれが大好きな花子さんらしい。発想が広がり、暮らしを豊かにしてくれる器づかいを楽しみたい。

住　所　佐賀県唐津市見借 4838-20
電　話　0955-58-9467
行き方　JR唐津駅より車で13分
H　P　http://www.monohanako.com

※工房併設の展示室の訪問は、創作期間や不在も多いため、事前に要確認。また取り扱い店や個展のスケジュール、工房を開放するイベントなどはHPで随時告知。

21 New Kyushu Trip
北部 | 長崎市 | お菓子

カステラぶらぶら

Kasutera Burabura

「私のカステラ」求めて、
長崎の小径をてくてく

お買い上げカステラ大集合。右は福砂屋1号、箱入りは文明堂の特選カステラ（和三盆とお抹茶）、ほか、ひと切れサイズはニューヨーク堂

長崎の人をまねて、「かすてぃら」散歩

長崎土産というと誰もが思い浮かべるのが、カステラではなかろうか。地元で聞けば、長崎人同士でも贈り物にすると喜ばれるものらしく、「どこのがお好き？」と聞けば、即座にひいき筋の店、その味わいについて、みなさんそれはうれしげに語りだす。噂では「利きカステラ」なるものを楽しむ甘党たちもいて、「しっとり系なら今はこの店」だの「この頃、ザラメが少なくなったみたい」などと評し合うらしい。長崎人にとって、カステラがおいしいのは当然で、それ以上に日々探求する姿勢を、食べる側が見つめているのだから、作り手は気が抜けない。

室町時代にポルトガル人から伝わり幾星霜、長崎カステラは、長崎人の舌によってブラッシュアップされ続けている地スイーツなのだ。

万月堂名物の桃カステラは、ぽってりした愛らしい姿もさることながら味も絶品。雛祭りの時季は予約でないと手に入らない

かくゆう私もカステラは、大好物。そこでこの旅で挑んでみたのが「カステラぶらぶら」である。

とはいえ、旅の1日で巡れる店は限られるものだから、カステラの店のチョイスを、長崎市内のおいしいもの取材では必ずご意見を伺う茶道家のW先生にご助言をいただいた。いつも凛とした和美人のW先生であるが、ある年に市中の評判の「桃カステラ」を食べ比べた（およそ50近く）という豪快な伝説をお持ち。W先生いわく「お使い物にするものだから、自分の一番好きな味がどの店のか、知っておきたいじゃない」とさらり。

熟成して砂糖蜜が浸みた頃も美味

ちなみに、この「桃カステラ」とは、長崎では3月3日の雛祭りに出回る縁起菓子。桃をかたどったカステラ生地のかわいらしさもあって、最近では年中人気を保っているとか。カステラ生地の上に砂糖細工がかかっており、甘さはカステラよりも数段ヘビーである。

カステラ通のW先生は料理もすご腕

砂糖のことで余談だが、出島があった長崎は砂糖の地であり、ひと昔前、長崎以外の九州の地では「長崎から遠かもんで」と砂糖を節約した料理に言葉を添えて客人をもてなしたと聞いたことがある。つまり砂糖たっぷりは、豊かさや幸福の象徴であったのだろう。

さてさて「カステラぶらぶら」へ行こう。W先生にご教示いただいて、5軒に絞られた。まず老舗

を2軒。全国に知られる「文明堂総本店」に「福砂屋」。それから地元で人気のある店の3軒は、「万月堂」「岩永梅寿軒」「ニューヨーク堂」というラインナップだ。

欲ばりな旅人としては、カステラを巡りながら、長崎の時間を味わいたい。老舗では、歴史を感じる店内のしつらいを眺める。岩永梅寿軒やニューヨーク堂のあたりでは、普段着の長崎が感じられる中通り商店街や、お寺さんが続く寺町通りを闊歩して、古刹（こさつ）の庭を拝見などなど、旅のぶらぶら歩きにはもってこいのコースであった。

また今回幸運なことに、ニューヨーク堂さんで、カステラ作りの現場もちらっと見せていただけた。

「今、カステラブームが来ている気がしますよ」とにこやかに迎えてくださったのは、2代目を継ぐ松本豊晴さんで、菓子職人歴はなんと50年！ ニューヨーク堂というハイカラな店名は、創業者が23年を過ごしたニューヨークの修業

[ニューヨーク堂のカステラづくり]

1. 小麦粉、卵、ハチミツ、砂糖、ザラメ糖。吟味された新鮮な材料を使う　2. 木枠に枠紙を貼って種を流し込む。ニューヨーク堂の特徴は生地の中にザラメ糖を混ぜ込んでいるところ　3. オーブンで焼いている途中で泡切りをすることで、均一でなめらかな生地になる。火加減のコントロールが職人の腕の見せどころ　4. 約1時間で焼きあがり。カットして一晩寝かせる。コクと甘味が生地全体に行き渡りおいしくなる

時代に由来し、アメリカの洋菓子とアイスクリームが評判の店。カステラは分類上は和菓子であるが、じつは松本さん、お若い頃に和菓子職人の修業の経験があって、45年ぶりに試行錯誤してカステラを焼き始めたところが、たちまち人気商品になったそう。

「6年前にカステラアイスを作り始めて、買ってくださった方へのオマケでアイスに使ったカステラの切れ端をお分けしていたんです。そうしたら、もっと食べたいからカステラを商品化してくれとおっしゃるお客さんが多かったんです」

ぷーんと甘い匂いが立ち込める中、松本さんの作業を見つめる。材料を撹拌した生地を作り、木枠の型に流し、オーブン釜へ。火が均等に入るように途中こまやかに手をかけて、素人目にも、カステラの焼き色加減が繊細なものとわかってくる。

「カステラ作りは『一人一貫性』。良くも悪くも、作り手のクセが出

長崎の家庭ではこんなカステラレシピも。フルーツサンドはカステラを薄くカット。クリームはヨーグルトと生クリームを混ぜて。フライパンにやや多めのバターを溶かして小ぶりに切ったカステラを焼けばフレンチトースト風に

「カステラぶらぶら」めぐった店

文明堂総本店

全国で有名なカステラ店の本家老舗。接客が丁寧で、季節限定品などの和菓子も地元で人気あり。

住　所　長崎県長崎市江戸町 1-1
電　話　0120-24-0002
時　間　8:30 ～ 19:30
定休日　年中無休
最寄り　長崎電鉄「大波止」駅
H　P　www.bunmeido.ne.jp

福砂屋 本店

凛とした空気が流れる本店での買い物体験を。ビロードやギヤマンのコレクションコーナーも必見。

住　所　長崎県長崎市船大工町 3-1
電　話　095-821-2938
時　間　8:30 ～ 20:00
定休日　年中無休
最寄り　長崎電鉄「思案橋」駅
H　P　www.castella.co.jp

万月堂

80 歳代のご主人の職人魂が宿るカステラに熱烈ファン多し。便利な立地ではないが足を運ぶ価値あり。

住　所　長崎県長崎市愛宕 2-7-10
電　話　095-822-4002
時　間　9:00 ～ 20:00
最寄り　長崎バス「愛宕バス」停

ニューヨーク堂

岩永梅寿軒と同じ商店街通りにある。カステラはもちろん、地元で大人気のカステラアイスもご賞味あれ。

住　所　長崎県長崎市古川町 3-17
電　話　095-822-4875
時　間　10:00 ～ 18:30
最寄り　長崎電鉄「賑橋」駅
H　P　www.nyu-yo-ku-do.jp

岩永梅寿軒

創業天保元年の老舗。カステラはほぼ受注生産で店頭販売分も売り切れも多いため、予約が確実。

住　所　長崎県長崎市諏訪町 7-1
電　話　095-822-0977
時　間　10:00 ～ 20:00
最寄り　長崎電鉄「賑橋」駅

カステラのまま食べるのに飽きたら、焼いたり挟んだり。アレンジ自由！

てくるものなんですよ」つまりレシピは同じでも、作り手の数だけカステラがあるとも。そうして焼きあがったカステラを見る松本さんのまなざしは、わが子を見るようにやさしかった。

　ぶらぶらカステラ買いを楽しんだら、最後は食べ方である。長崎の家庭ではやはりひと味違うよう。「小学生の頃から、カステラをもらった翌朝は牛乳に浸して食べているよ」とか「1斤を豪快にバゲットみたいにちぎりながら、地酒と一緒に食べる」なんてコメントもあって、うなりっぱなし。

岩永梅寿軒やニューヨーク堂のご近所、寺町通りの散策へ。おすすめは「東明山 興福寺」。風情ある建物や庭でゆったり過ごして

　そしてW先生はこうである。「カステラのままで食べるのに飽きたら、あとはバターで焼いて、フレンチトースト風にしたり、ヨーグルトソースを塗って果物を挟んで、フルーツサンドにするの。ほら、カステラをスポンジケーキと思えば、いろいろできるのよ」。うーむ。カステラ王国の愛されるカステラは、懐深いおいしさが魅力と心得ました。

店に流れる空気を楽しみながらモーニングを

パンはハード系、セミハード系がほとんど。大人も子どもも楽しげに選ぶ

22 New Kyushu Trip
北部 | 長崎市 | パン&エスプレッソ

ブレッド・アー・エスプレッソ

Bread A Espresso

朝食に、おやつに、通いたくなる小粋な店

開店は朝7時半。目立った看板もない店から幸せ顔で出てくる人を見て、ホテルの朝食をパスしてよかったと、ニンマリする。

店内はシンプルだがセンスの良さが隅々まで感じられる空間。朝の光の中、カウンターに並ぶハード系のパンを選び、エスプレッソを飲んで……。まるでヨーロッパのバルにでもトリップしたような気持ちになっていた。

好きなエスプレッソをいれ続けるためにも、牽引役としてパンを焼こう——。そんなビジネスプランで2011年に店を開いたところが、うれしい誤算。世の流れもあり、予想以上にパンが人気になって、「お客さんのパン熱の高まりを肌で感じていました」と苦笑いする店主の森永明日香さん。共同運営者でパン製造担当の柴原亮さんと相談した末、3年目の春、東京でのブレッド研修をするために約4カ月間休業に。順調な店をいったん閉めてでもトライアルする。その一生懸命な姿を、「思う存分やって」と見守ってきたファンは少なくないようで、再オープンした後は、特に週末など、昼過ぎにはパンが売り切れてしまうことも多いとか。

そして忘れてならないのは、店主こだわりのエスプレッソ。岐阜のスペシャリティコーヒー専門店から仕入れる豆は、季節で豆が変わり、また毎日微妙に味が変化するそう。「今日のエスプレッソはカフェラテに合うとか、暑い日はアイスエスプレッソがいいとか。その日に合った楽しみ方をお伝えしたいです！」自分の家の近くにあったらなぁとしみじみ思う店だ。

住　所　長崎県長崎市五島町 6-3
電　話　095-823-6078
時　間　7:30 ～ 18:00
定休日　火～木曜日
最寄り　長崎電鉄「五島町」駅
H　P　http://breadaespresso.petit.cc

※現在一時休業中。2015 年 8 月から再開予定

23 New Kyushu Trip
北部 | 長崎市 | 定食

からすみ茶屋なつくら

Karasumi Chaya Natsukura

生からすみ定食と地酒を楽しむ昼餉

長崎の地酒にお惣菜の一品ものと取り合わせて。至福のほろ酔い昼膳に合掌

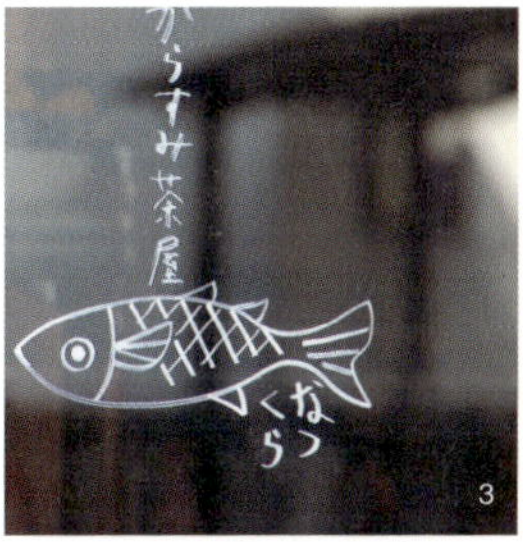

1. 生からすみ定食 1000 円、小鉢のお惣菜は季節で変わる。生からすみは、老舗・松庫商店のもの。生からすみは長崎人の食卓では身近で、お刺し身にお醤油がわりにしたり、パスタや中華にも使うとか　2. デザートに、五島名物のかんころもち　3. 小さな入り口を見逃しなく

あったかい笑顔の店主・なっちゃんは、お出汁をきちんととった滋味深い料理を作る。イラストレーターとしても活躍。店では器や地酒など企画展もあり

長崎のシンボリックな名所「眼鏡橋」の通り沿いに、2014年6月、ちんまりと味わい深い定食屋さんが誕生した。店主の「なっちゃん」こと坂本奈津子さんが、厨房でテキパキ動きながら、おっとり「いろんなタイミングが重なってこうなったんです」と語る。

始まりは、もともとここで喫茶店を営んでいた友人が店を辞めると打ち明けられたこと。友人の淹れる珈琲と、なによりこの空間が大好きで、毎日のように通っていたなっちゃんにとって、それは街全体、日々が変わってしまうようなこと。そんな想いになって、「自分がここで店をしよう」と決断。そうして、どんな店にしようかと相談したのが、ずっとお世話になっていた、長崎の生からすみを味わえる名店「まつくら」の主の女性。その方自身も店を閉める節目にあって、「なっちゃん、うちの生からすみの味を引き継がんね」という流れに。大切にしたいものを素直に受けとって、いまのお店が形づくられたのだ。

取材の日のお昼は、看板料理の「生からすみ定食」をいただいた。アツアツの白いご飯に、とろろを敷いて、その上に鎮座した山吹色の生からすみ。珍味のからすみはボラの卵の塩漬けを干したものだが、生からすみの製法は少し違って、塩漬けした後に酒粕に漬け込んで熟したもの。とろろの載ったご飯に、生からすみの塩味と品のいいコクがからみ合って、たまらなくおいしい。さらにお膳に揃った小鉢のお惣菜も一つ一つ滋味深くって、これに地酒がすごく合う。

「旅先で昼間から飲めると、私だったらうれしかぁと思って」。カフェでお茶するみたいに、旬菜や魚と日本酒でちびちび昼酒。常連のきれいな女性は、「『鬼平犯科帳の平蔵』気分になれるから」とふらりとひとりで来て、さらっと一杯、和んでいく方もいるとか。ああ、長崎に住んでる人がうらやましかぁ。

住　所　長崎県長崎市万屋町 2-3
時　間　9：00 ～ 17：00
定休日　日曜日、祝日
最寄り　長崎電鉄「賑橋」駅
H　P　https://www.facebook.com/pages/ からすみ茶屋 - なつくら /1438968489708357
※休みや企画展など情報は FB にて発信

住　所　長崎県長崎市古川町3-2
電　話　095-825-0831
時　間　11:30～14:00、17:00～23:00
定休日　不定休
最寄り　長崎電鉄「賑橋」駅
「なつくら」(P.70)と同じ通り、眼鏡橋近く

24 New Kyushu Trip
北部 ｜ 長崎市 ｜ 郷土料理

一二三亭

Hifumitei

気どらず、やさしく。長崎情緒と郷土料理を味わう

たとえば「旅の一食は長崎らしい味を食べよう」となったとき、たいへん重宝するのがこの老舗だろう。

ここ長崎には、花街の文化や歴史的背景から誕生した、郷土料理「卓袱（しっぽく）」がある。たいがい高級料亭でコース仕立てで出されるものが多いが、「一二三亭」では、お値打ちで楽しめて、しかも間違いなく旨いもんだから、普段使いとして、地元客にも愛されている。

テーブルに座って、卓袱の定番料理「牛かん（牛の肉だんご）」や「豚の角煮」などを単品でオーダーしていると、まわりの常連たちが「最後に、アレを頼まんね」と念を押すように教えてくれる。

そう、郷土料理もすばらしいが、絶対に逃してならない名物が「おじや（雑炊）」なのだ。

カツオと昆布の出汁に、消化が良くて滋養がつくようにと、ゴマ、青ネギをたっぷり、器すれすれにどっさり盛り。ずずっと食べれば体の中心線まですぅと整うような味わいだ。

花街の食べどころとして明治29年に創業時から粋人たちの胃袋を満たしてきたこの店の、数ある名物料理の中でも、おじやはなんと50年選手とか！

「飲んだ後のシメ飯にラーメンやチャンポンはキツいという、年輩客のために考えたものです。でもシメにもいいけど、酒の友にもいいって人もいますヨ」確かな手ワザで、郷土の味を誠実に守ってきた、4代目の尾崎至さんがにっこり。おじやから、再び手が酒杯に。長崎の夜は深くやさしい。

長崎情緒を感じる店内。丸テーブルは船の舵

卓袱料理、牛肉の肉だんごの「牛かん」も人気

4代目の尾崎至さん。誠実な人柄が料理に表れている

特製「おじや」。白めしの上に白色のすりゴマ、
とじた卵の黄色、刻んだネギの緑と彩りの見事！

25 New Kyushu Trip
北部 | 長崎・雲仙 | ライフスタイルショップ

刈水庵

Karimizuan

懐かしさに今を重ねる
生活ギャラリーのさじ加減

住　所　長崎県雲仙市小浜町
北本町 1011
電　話　0957-74-2010
時　間　10:00～17:00
定休日　水曜日
行き方　長崎道諫早 IC より雲仙
方面へ車で約 40 分
※小浜マリンパークから
徒歩約 10 分
HP　https://www.facebook.com/karimizuan

雲仙市小浜温泉そば。車が入れないと聞いた「刈水庵」へ続く細い坂道を探し、ウロウロしていたところ、地元人に「どこに行くと?」「連れて行こうか?」と教わること数度。なんだか、和みますなぁ。「まわりの景色や人に触れ合って、楽しく迷う時間もいいかなと思って、ショップ看板も小さいんです(笑)。温泉があって、湧き水もあって。刈水は、きれいなところがコンパクトに残っている田舎なんですよ」。自身も街から移住してきたというスタッフの山崎超崇さんが、この地への愛情たっぷりにショップの成り立ちを教えてくれた。

空き家が点在する過疎の集落に、国内外から人が訪れるようになった、その理由がここ「刈水庵」。仕かけ人はデザイナーの城谷耕生さん。かねてから行政や大学、アーティストと連携して地域活性プロジェクトとしてこの刈水の集落を調査してきたことがあり、そのプロジェクトを実行する活動拠点として、2013年にこのショップ&カフェが誕生したそう。

大工の元棟梁の家を自分たちでリノベーション。1階には城谷さん率いるデザインチームが手がけた器や、地域の手仕事、海外で見つけてきたアンティーク雑貨に、「地元のおばちゃんに選んでもらえるような」お値頃価格のキッチングッズも点在している。

2階は、和室にモダンなイタリア家具や李朝の古民芸が調和したカフェ。海が見える席でゆっくりお茶ができて「気持ちのいい空間」のひと言に尽きる。「田舎の古い家をこんなふうにして住んだらすてきだな」とワクワクするDIYアイデアがいっぱいで、そんな暮らし方の提案も、刈水庵ならではの魅力なのだろう。

デザインの力で暮らしを豊かにする——。逆に、地域に、生活にしっかり根づいた中からこそ豊かなデザインが生み出されることが伝わってくる。刈水庵の志すところは、城谷さん自身の生き方でも

1階はギャラリーには工芸品や民芸品、スタジオシロタニが手がけた食器も並ぶ。刈水庵の近くにあるおいしい湧き水は、カフェのお茶にも使われている

示されている。ミラノでデザインの仕事をした後、日本で活動することになった際も東京など都心でなく、故郷・長崎に軸を置き、暮らしを慈しみながら、さまざまなクリエーションを発信してきているのだ。

最近、そんな城谷さんたちの活動に感化され、近隣の空き家に染色作家や料理家のアトリエができて、コミュニティも魅力を増している。

さらに口コミで回を重ねるごとに集客が広がっているのが、年2回のペースのイベント「刈水デザインマーケット」だ。

「最初は出展者5名からスタートして、今は40人くらい。作家やレストランなど以外に、集落のおばあさんたちも豚汁なんかを作って参加してくれるんですよ」と山崎さん。

作家も、地元の人も、旅の人も、自然に交わってつながる時間。カルチャービレッジの輪が豊かに広がっている。

26 New Kyushu Trip
北部 | 長崎・雲仙 | 宿・温泉

雲仙観光ホテル

Unzen Kanko Hotel

モリスの壁紙が似合う
クラシックホテル

クラシックな灯りによく合うウィリアム・モリスの壁紙

ドラマティックな佇まい。この前に立ったときからクラシックホテルの旅が始まっている

おしゃれなレトロデザインがいっぱい

ずっと憧れのホテルだった「雲仙観光ホテル」に初めて泊まったとき、そのクラシックなスタイルと重厚感に感激したのを覚えている。歴史を刻んだものだけが持つ風格は、なにものにも代えがたいと心から感じた。今まで、いろいろな雑誌で見ていたけど、実物の方がずっとすばらしかった。

このホテルを通して雲仙の歴史も知った。明治以降、国際的な保養地として多くの外国人が集った雲仙。戦前の雲仙は、租界（治外法権の外国人居留地）のあった上海や香港から、避暑や避寒に訪れるリゾート地、そんな時代があったのだ。昔の方々は意外にアクティブだったらしい。

歴史は続く１９３２年当時、外貨獲得のための国策として、日本各地に15の外国人向きのホテルを建設する計画があり、その一環として、外国人客が多く訪れるルートで、上質の温泉もある雲仙にも洋式ホテルの建設が決定した。外国人避暑地としての雲仙の黄金期は、１９３２年からの10年間といわれる。その間の１９３４年3月に、瀬戸内海、霧島とともに、日本初の国立公園に指定され、国内外に雲仙の名は一気に高まった。雲仙観光ホテルの開業は、その翌年の１９３５年、３２００坪の敷地に、スイスシャレー様式を取り入れた赤屋根、丸太、石組みの山小屋風の建築。地上3階・地下1階建てで、客船をイメージした館内には、客室61室のほか、メインダイニング、バー、図書館、理容室、ビリヤード場、温泉まで、快適に滞在するための施設が揃っていた。

しかし日本が戦争に突入すると、軍の徴用施設となった雲仙観光ホテルは、戦後引き続き駐留米軍に接収され休暇ホテルとして使用される。接収が解除され、営業を再開したのは１９５０年のこと。それから半世紀以上、時代は目まぐるしく変化するが、雲仙観光ホテルは変わらぬ姿で観光客を迎えてきたが、それは老朽化との戦いでもあった。歴史を重ねれば古びてくるし、いろいろな不便も出てきた。そこで10年にもおよぶ大規模なリニューアルを施し、ホテルが生まれ変わったのが２０１４年のこと。登録有形文化財に登録されたスイスシャレー様式の山小屋風建築の建物は、開業当時の佇まいのまま、機能面は現代のゲストのニーズに合わせて利便性、快適性を高めている。

創業当時から使われている調度

温泉の浴槽も洋風でエレガント。温泉には浴衣でＯＫ

や照明などのインテリアに、改装で新たに、19世紀の工芸デザイナーウイリアム・モリスの壁紙が加わった。ウイリアム・モリスは現在でも人気のデザイナーで、壁紙を採用している建物は時折見かける。しかし、このホテルほどモリスの壁紙が似合う場所はそうそうないと思う。まるで、ずっとそこにあったかのように調和して、クラシックホテルならではの洗練された趣が極まった。

さらに、客室数を一部減らし一室の面積を広くすることで、客室の居住性も高まっている。宿泊してみて、本当に快適なホテルになったと実感できる。ちゃんとWi-Fiが使えるようになっていたのもうれしい。

でも、快適なだけでは都心のホテルと変わらない。やはり味わってほしいのは、クラシックホテルならではの風情。滞在型のホテルらしい施設も、往時のまま残されており、今も、図書室でゆっくり雑誌をめくったり、本を読んだり、

懐かしい洋空間で感じる、昭和のモダン

1. 手すりや壁に、職人が手おの削りの跡が残る　2. 雲仙キュイジーヌの一皿。改修後は和食のレストランも新設

そんな映画のワンシーンのような過ごし方が楽しめるのだ。

さらに、このホテルを象徴する施設が、ダイニングルーム。200畳を超える広さで、天井の高さは約5メートル。戦前はダンスパーティが開催されることもあった、広々とした食空間だ。ここで味わえるのは、伝統的なフレンチと雲仙の食材が融合した「雲仙キュイジーヌ」。ドレスアップして味わいたい料理だ。

ここで忘れてならないのが雲仙のいで湯。もちろん、源泉は湯煙立ち上る雲仙の地獄温泉だ。自然湧出の自噴泉を使用し、かけ流し。改修により、ドーム形の天井やステンドグラスを取り入れ、アールデコ調のタイルなどクラシックホテルらしい浴室になった。露天風呂や家族風呂もあり、雲仙の湯を満喫できる。もちろんスパもある。どこで写真を撮っても絵になる、充実したホテルの休日。煩雑な日々を忘れて、時間旅行してみてはいかがだろう。

雲仙観光ホテル

住　所　長崎県雲仙市小浜町雲仙 320 番地
電　話　0957-73-3263
宿　泊　1 泊 2 食 21,500 円〜
最寄り　JR 長崎本線「諫早」駅
※長崎空港、諫早駅には送迎サービスあり（要予約）
H　P　http://www.unzenkankohotel.com

手前の大皿がアラの刺し身、奥の
小皿が食通垂涎の道具の湯引き

女将の平山宏美さん。島おこしにも熱心で全国に発送できる商品の開発にも取り組む。ホームページで紹介されている壱岐の食材を使った商品はどれも女将のアイデアから生まれる

27 New Kyushu Trip
北部 | 長崎・離島 | 宿・温泉

奥壱岐の千年湯 平山旅館

Hirayama Ryokan

名物女将の夜のごちそう、朝のごちそう

玄界灘に浮かぶ美しい壱岐島。博多港からは高速船で約70分。『古事記』には「天比登都柱（あめひとつばしら）」、中国の歴史書では「一支国（いきこく）」の名前で登場し、中国大陸や朝鮮半島と日本本土を結ぶ海の拠点として栄えた島だ。豊富な海産物はもちろん、牛肉や米など食材に恵まれている。観光で訪れる人々も、たっぷりの海の幸を楽しみにして船に乗り込む。食通たちから厚い支持を受けているのが、創業66年の温泉宿「平山旅館」だ。

夕食になるとテーブルの上に食べきれないほどの料理が並ぶのは、ここではおなじみの風景。しかも、量だけでなく、厳選した壱岐の食材だけを使い、味も申し分ない。春は、タイ、イサキの後、カンパチ、ウニと続く。ウニは殻つきで驚かせることも、秋は、カツオ、サバ、冬はサワラ、寒ブリという具合。

秋も深まる10月頃になると、アラ目当ての常連客から予約が入る。アラの醍醐味は、捨てるところがないといわれるほど、丸ごと味わえるところにある。上品な白身は、刺し身やしゃぶしゃぶで、それ以外の部位は「道具」と呼ばれ、湯引きや鍋に入れて食べる。鍋に入れた腸や目のまわり、分厚い唇のあたりは、身の部分とはまったく違う旨味で食いしん坊をうならせる。さっと湯引きした内蔵も、それぞれ異なる味、食感の貴重な珍味だ。

これが味わえるのは、宿が新鮮なアラを丸ごと1尾入手できるからだ。流通やサイズなどの問題で、料理屋や旅館が丸ごと1尾仕入れるのは難しい。どうしても切り身で仕入れることになるので、「道具」を味わえる店はなかなかないのが現実だ。平山旅館では、取引のある漁師から直接仕入れるので、丸ごとアラの身だけでなく内臓も出せるのだ。さらに伊勢エビ、イカ、アワビなど、味わえる旬の魚介は限りない。また、狩猟の解禁時期になると、宿の主人自ら野生

客室はゆったりした造りの和室でくつろげる

島の美味と温泉と、あたたかな人情が魅力

鴨の猟をする。壱岐牛も旨い。魚好きだけでなく、肉派も喜ばせる宿である。

でも、魚料理以上の名物はこの宿の女将・平山宏美さんの存在だ。とにかく元気で、サービス精神の塊。魚市場に競りに行ったり、マイクロバスで客を送迎したり、日本ミツバチの養蜂をしたり。さらには自ら畑を耕し、無農薬で野菜も育てている。オーガニックJASの認証も受けた本格派。海に囲まれた環境で野菜を作るとおいしい野菜が育つという。米ぬかを入れたEM菌や、ウニの殻をつぶしたもの、海草も肥料になるのだそうだ。鍋物に入れる野菜も含め、宿の食事にはこの野菜が使われている。

女将の天性のサービス精神も加わり、宿の夕食はすばらしい。しかし、さらにすごいと思うのが朝食だ。なによりも、花束のように盛り込まれた野菜サラダだ。色とりどりで、美しい。最初はこんなに食べきれないと思うのだが、これが不思議といける。一皿に15種類は入っているだろうか、どの野菜も力強くて、それぞれに味があるのだ。味も、色も濃い。これも全部、女将の無農薬野菜だ。朝食の中で、野菜の次に存在感があるのが、豆腐だ。冗談かと思うほど大きい。これは、壱岐に伝わる「壱州豆腐」で、1丁1キロはあるらしい。大きいだけでなく、大豆の

朝食の目玉は、野菜ブーケのようなサラダと、大豆が濃厚な「壱州豆腐」

奥壱岐の千年湯　平山旅館

岩盤のすき間からしみ込んだ海水が、年月を経て温泉水に

ずらりとテーブルに並んだ朝食。時間をかけて食べたい

味がしっかりしている。女将はこの豆腐を愛してやまない。さすがにこれは自家製ではないが、朝食だけでなく、鍋物などにも多く使われている。

料理の話ばかりで、最後になったが、この宿にはもう一つの名物がある。それが温泉だ。湯ノ本温泉は5世紀神功皇后が発見し、我が子応神天皇の産湯に使わせたという伝説の残る湯だ。全国的にも離島の温泉は珍しく、壱岐に温泉があることは意外に知られていない。鉄分を含んだ食塩泉の赤湯で、入浴すると体が芯からポカポカあたたまり、元気になれる。

さて、女将の話をもう一つ。この宿は、かつて客室が14室あった。それを全面改装で8室に減らした。それまでも満室になることが多く、人気の宿だったにもかかわらず。客にもっとゆっくりくつろいでもらい、サービスが行き届くようにした決断だったそうだ。宿におじゃますると、女将は片時もじっとしていない。宿の中を動き回り、料理に気を配り、客を気にかける。ちょっとせわしない気もするが、女将の顔を見るとなんだか安心する。やっぱり看板女将なのである。

住　所　長崎県壱岐市勝本町立石西触 77
電　話　0920-43-0016
宿　泊　1泊2食 14,190 円～
行き方　各港（郷ノ浦・芦辺・印通寺）、
　　　　壱岐空港（長崎便）まで送迎あり
H　P　http://www.iki.co.jp

全国的にも珍しい切石積石の教会堂、頭ケ島教会

頭ケ島教会は現役。内部も美しく保たれている

28 New Kyushu Trip
北部 | 長崎・離島 | 観光

上五島の教会群

Kamigoto Kyokaigun

信仰の島の宝物に触れる旅

五島列島は長崎県東シナ海に浮かぶ中通島、若松島、奈留島、久賀島、福江島を中心に、約１４０の島からなり、島ごとに多くのカトリック教会が点在する。

五島にキリスト教が伝えられたのは１５６６年。しかし１５８７年、豊臣秀吉が宣教師追放令を、１６１４年、江戸幕府が禁教令を発布。１７９７年から、信仰の自由を求めて約３０００人の信者が外海地方（現在の長崎市）から五島に移住し、厳しい弾圧に耐え、極貧生活を送りながら信仰を守った。１８７３年（明治６）、禁教令廃止とともに信者たちは堰を切ったように島内に教会を造り始める。現在も、五島列島の北東端の中通島と、その南西の若松島、さらにその周辺の有人、無人の島々からなる上五島には29の教会があり、大切な祈りの場となっているのだ。

２００７年1月23日、文化庁が

長崎の教会群とキリスト教関連遺産のユネスコ世界遺産(文化遺産)暫定リスト入りを決めた。長崎県内の13カ所ある構成資産のうち、五島列島では4カ所の教会群が暫定リスト入りをしている。

博多からの定期フェリー「太古」は、朝、若松島の若松港に到着。この島のキリシタン洞窟をめざす。かつて、日ごとに厳しくなる弾圧から逃れて信者たちが隠れ住んだという海沿いの洞窟は、今も船でしか行けない。港で予約しておいた瀬渡し船に乗り換えて約15分。供養のために建立された十字架とキリスト像が目印だ。その奥が洞窟になっている。実際に降りてみると、人が住むにはあまりにも険しい。ここで数人の信者が身を縮め、息をひそめていたのだろう。目の前に広がる海は美しく、それがいっそう哀しみを深くする。

頭ヶ島(かしらがしま)教会がある頭ヶ島は、かつて無人島だったところにキリシタンが移住してきてその歴史が始まった。現在は

小さな教会が物語る、尊さ、愛おしさ

赤いレンガ造りの青砂ヶ浦天主堂

祈りの空気が流れる

古い木造教会堂の江袋教会

上五島の教会群

島人を見守ってきたマリア像のまなざし

キリシタン洞窟は瀬渡し船のみ巡礼可。
十字架と３メートルのキリスト像があり

水辺に教会堂を映す、中ノ浦教会

橋で結ばれ、鯛ノ浦教会、青砂ヶ浦教会、大曽教会など時間が許す限り、教会を回った。どの教会も、緑や海の景色に溶け込んでいる。地元の人々に愛されて、手入れが行き届いている。古い建物でも、大切に使い続けられ、清々しい空気感で満ちていた。

　教会を巡る旅で一番感動したのは、地元の方々の教会を大切にする思いだった。朝早く、教会のまわりを掃除するご婦人に出会った。横に作られた花壇に可憐な花が咲き、草ひとつなかった。休日、教会の入り口のすのこを修理する男性たちを見かけた（靴を脱いで入る教会だった）。みなさん楽しそうに、歓談しながら作業して、仲の良さが伝わった。外から訪ねる私たちにとっては観光の場だが、地元の人たちにとっては大事な信仰の場なのだとしみじみわかった。だから、ルールを守り、決しておじゃますることはないように。そうすれば、五島の教会はいつもやさしく私たちを迎えてくれる。

2

あたらしい九州旅行

中部エリア

熊本・大分

九州のおへそにあたる中部エリアは、
訪れるたびにパワーがたっぷり充電される
「とびっきり」の集合地。
のびやかな緑の大地に美しい海、
街にグルメに温泉まで。

上等のおかずがみっちり詰まった
幕の内弁当みたいに、
一度にあれこれ味わえる。

奥がイチオシの辛子レンコン。揚げたてを熱いうちに召し上がれ。手前が一文字ぐるぐる。焼酎のあてにぴったり

29 New Kyushu Trip
中部 ｜ 熊本市 ｜ 郷土料理

民芸酒房 肥後路

Mingeishubo Higoji

揚げたて辛子レンコンが食べられる熊本ソウルフードの名店

住　所　熊本県熊本市中央区下通
1-9-1 松藤会館 2F
電　話　096-354-7878
時　間　17:00 ～ 23:00
定休日　不定休
最寄り　熊本市電「花畑」駅
H　P　https://www.facebook.com/higoj

熊本に行くと、必ずといっていいくらい食べる定番が「辛子レンコン」と「一文字ぐるぐる」だ。郷土料理としてはベタすぎるくらいだけど好きだから、入った店にあれば、とりあえず頼む。

その発祥をちょっと調べてみた。病弱だった藩主・細川忠利公に、僧侶が滋養優れたレンコンを食べるようにすすめ、藩の賄方が、レンコンの穴に食欲増進作用がある和辛子粉を混ぜた麦味噌を詰め、衣をつけて揚げたものを献上したとか。明治維新後に一般家庭に広まり、熊本名物になったそうな。

そして不思議な料理名の、一文字ぐるぐる（熊本の居酒屋では「ぐるぐる」で通じる）。簡単に説明すると、湯通しした小ネギを根の方を芯にしてぐるぐる巻き、酢味噌をつけて食べるというもの。書物によればこれも藩の財政を立て直すために考案された倹約酒肴だそうだ。この食べ方だと、小ネギを先っぽから根の方まで丸ごと食べることができる。水分もほどよく抜ける。一文字には、小ネギが生えている形が「人」の文字に似ているからという人文字説と、宮中ではネギを「き」と一文字で呼んでいたからだという説がある。解説が長くなったが、どちらも考え抜かれたヘルシーフードなのだ。

特にオススメする店が「肥後路」だ。ここが好きなのは、店名でもわかるように熊本の郷土料理が一通り味わえる上、揚げたての辛子レンコンが出てくるから。揚げたてが食べられる店はなかなかない。これを口に入れるとふわっとレンコンの風味が広がり、ホクホクとシャキシャキの間のような食感も楽しい。じつは県外からの客との食事で、前日に郷土料理を食べたので今日は別のものをというリクエストがあった。にもかかわらず、肥後路にお連れしたところ「昨日食べたのとはまったく違う！」と、大感激。以来、その人は熊本を訪れるたびに肥後路に通ているそう。

熊本の料理っていいなぁ、としみじみ思わせてくれる店なのだ。

熊本といえば「馬刺し」だ。居酒屋で煮込みを頼むとなんの確認もなく、馬すじや馬もつの煮込みが出てくるし、焼き肉だって馬(牛の焼き肉屋ももちろんありますが)。馬刺しの種類だって、馬肉専門店の「菅乃屋」には、霜降りや赤身程度の分け方じゃない。フタエゴ(馬の肩からあばらにかけて広がる脂と赤身の3層肉)、コウネ(たてがみの下の脂)、ネッコ(心臓の大動脈)というのまである。鍋でも食べる。馬肉は、脂があっさりしているため、霜降りでも軽い味わいだ。馬ならレバーも生で食べられる。コウネ刺しも、最初は「脂?」と思って食べたが、ベタつきもなく、いける。だから、せっかく熊本に来たのなら、専門店でいろいろな部位や料理を試してほしいのだ。

どうして熊本で馬肉が食べられるようになったのだろう。近世で馬肉・馬刺しが広まったのは、加藤清正がルーツであるという俗説が有力とされている。文禄・慶長の役のとき、朝鮮出兵時に食料が底を尽き、やむをえず軍馬を食したという。その後、帰国してからも好んで馬刺しを食したことから領地・熊本から全国に広まったとされている。最初は仕方なく食した馬肉が意外にもおいしくて、お気に召したということか。馬肉は他の肉より栄養特性が高く、タンパク質やビタミン類も豊富、エネルギーの源・グリコーゲンもたっぷり。つまり苦肉の策で食べた馬肉だったが、戦闘食としても大正解だったわけだ。美容にも大変よろしいと聞く。そういえば、熊本の女性は当たり前のように食べてるなあ。

菅乃屋の親会社は馬専用のファームや馬肉専用生産場も持っている専門店で、国際品質の証明であるSQFを取得しているので信頼できる。メニューも豊富だし、店もきれいで、女性同士でも入りやすい。最近元気がないという人も、馬肉パワーで馬力をチャージしてはいかがだろう。

30 New Kyushu Trip
中部｜熊本市｜馬肉

菅乃屋 銀座通り店

Suganoya Ginzadoriten

上質の馬肉で、おいしく馬力チャージ!

住所　熊本県熊本市中央区下通 1-9-10 光臨ビル地下
電話　096-312-3618
時間　16:00〜23:00、土・日曜日と連休中の祝日はランチ(11:30〜14:00)も営業
定休日　年末年始
最寄り　熊本市電「花畑」駅
HP　http://service.suganoya.com/ginzadori/

1. 霜降りステーキ。クセがなく軽やかで、肉の旨みがストレートに味わえるのがこれ　2. いろいろな種類が入った馬刺し盛り合わせ。甘く濃い熊本の醤油は、生姜を効かせると馬刺しによく合う　3. 地元客も観光客も入り交じって賑わう店内

まるで肉と語り合っているように、けんしんシェフの素材を扱う手つきがおいしさを物語る

31 New Kyushu Trip
中部 ｜ 熊本市 ｜ イタリアン

リストランテ・ミヤモト

Ristorante Miyamoto

土地の味が際立つ、情熱イタリアン

住　所　熊本県熊本市中央区辛島町 6-15
電　話　096-356-5070
時　間　11:30 ～ L.O.14:00、
平日 17:45 ～ L.O.21:00、
日・祝 17:45 ～ L.O.20:30
定休日　火曜日
行き方　熊本市電「西辛島町」駅徒歩約２分
Ｈ　Ｐ　http://forzakenken0609.wix.com/ristorantemiyamoto

「九州のスローフードを牽引する、注目のシェフ」。そんな見出しで近頃メディアにひっぱりだこの料理人、宮本けんしんシェフ。厨房をのぞくとジュウジュウ焼ける肉を前に、体中から「おいしいもの」オーラを醸してこう言った。「今日のサーロインは阿蘇のあか牛を40日熟成したもの。焼き方をいろいろ実験するのが楽しい。肉焼きオタクなんですよ（笑）」。

阿蘇の「あか牛」といえば、今や入手困難なブランド牛肉だが、店を始めた当時は黒毛の霜降り肉が絶対的スターで、さっぱりした脂質のあか牛は地元では驚くほど受けず、店で出すと怒りだす客もいたと苦笑いする、けんしんシェフ。やっと実力が認められた故郷のあか牛への想いはひとしお。入魂の肉焼きは、赤身肉のジューシーさが活きて、口に運ぶや、私もTおじぃカメラマンも悶絶。和牛はひと切れで胃が満足するねぇ、などと漏らしていた同じ口で食べ尽くしたのだから、あか牛の肉ヂカラや、あな恐ろし。

1. 取材日のステーキは「あか牛の神さま」といわれる井さんのサーロインを熟成したもの。焼き野菜とよく合う女子力の高いステーキで、ペロリといける　2. トスカーナの田舎家をイメージした店内は家庭的な雰囲気でくつろげる

お肉だけでなく、地野菜の料理もすばらしい。前菜にいただいた季節野菜の繊細なテリーヌも、生産者の顔が見えるものだった。熊本の食材を活かしたメニュー一つ一つに、自然と生産者と結びついた豊かな（愉快な）ストーリーがある。それこそが「ミヤモト」イタリアンが愛される理由だ。

進む道の羅針盤となったのは、イタリアで出会ったシェフたちである。19歳で海を渡り、「ラ・テンダ・ロッサ」などミシュラン星つきレストランを含めてイタリア各地で修業した8年。お手本にしたシェフたちはみな、「地域の食材を守るのは、レストランの役目」という確固たる信念を持っていた。

故郷の熊本に戻り、２００６年に自分の店を立ち上げたけんしんシェフが目指したのは、「産地の料理人」。とにかく熊本の良い食材を求め、暇があれば田舎へ車を走らせた。道端から畑のおばあちゃんに声をかけ、こだわりの生産者がいると聞けば、西へ東へ。それを続けて十数年、つながった農家は50軒以上とも。「熊本中を巡って知ったのは、1年中農業ができるという奇跡のような豊かさ。熊本って大地の食卓なんですよ！」。

２０１１年、九州で初めて農林水産省の「料理マスターズ」という称号を得ても気負いはなく、仲間のおかげ」と顔をほころばせる。生産者同士、料理人仲間がつながる企画もして地域全体の底上げにも尽力。周囲の信頼を支えに、けんしんシェフが中心となって働きかけて、２０１３年には阿蘇の草原が「世界農業遺産」に認定される快挙も！　人と人がつながって文化が生まれる、熊本イタリアンには美味以上の出会いがある。

天草オリーブ、にしだ果樹園のジュース、自然栽培の紅茶など、おいしい加工品にも出合える

32

New Kyushu Trip
中部 ｜ 熊本市 ｜ 映画館

Denkikan

デンキカン

100年劇場で観る、シネマ旅

３つあるスクリーンには青、赤、茶とイメージカラーで設えて

たとえば名所巡りの後や出張旅の空き時間に、ふっと映画館でひと時を過ごしてみる。見知らぬ街で、暗闇のシートに身を置き体感したドラマは、旅の中の旅のようで、なかなかおもしろい。そんなシネマ旅をするなら「Denkikan」はぴったりの映画館だと思う。

熊本市の中心街にある、その場所へ初めて訪れたとき、ロビーに入った瞬間わくわくした。古材を張った床材に、おいしい焙煎珈琲が飲めるカフェがあって、３つあるスクリーンは赤や青の壁色を配した内装で、独自の雰囲気があって感じがイイ。ポップコーンの匂いに同じ造りのシネマコンプレックスとは、ひと味もふた味も違った風景だ。

このモダンシアター、じつは１００歳を超えた歴史的映画館なのだ。Denkikan とは明治時代の創設時の「電気館」に由来する名で、創設者は東京で無声映画の弁士だったそう。そんな初代の新進の精神を受け継いだのが、４代目で、

住　所　熊本県熊本市中央区新市街8-2
電　話　096-352-2121
時　間　映画によって変更
定休日　なし
行き方　熊本市電「辛島町」駅
　　　　徒歩約2分
H　P　www.denkikan.com
※3スクリーンあり。上映スケジュールや
イベント情報はHPに随時アップ

壁面を彩る画家・青柳綾の作品。アートのある映画館ってすてき

現館主の窪寺洋一さん。アメリカの大学を経て東京で働いた後、20年前に熊本に戻って跡を継いだ。「今はこの通りにはうち1軒になりましたが、このあたりは映画館街で、祖父や父たちの時代には、うちだけで4館の映画館を経営していたことも。子どもの頃は、立ち見する大人たちの隙間から観てました。いい映画を観ると人の顔ががらりと変わる、その様子を見るのが好きでしたね」

映画の空気の中で育った館主ならではのセンスがあるのだろう。Denkikanにかかる映画はもれなく観るというファンもいるそうだ。洋画邦画、話題作に個性作品。硬軟とり交ぜた映画に、超マイナーだけどおすすめ作を限定上映したり、音楽ライブやアートとコラボ企画など変化球も折り込む。「そのバランスをいつも模索しています」と、感じのいい企み顔でほほえむ窪寺さん。ここに来れば、見知らぬ世界の旅へ何度も誘われそうだ。

小説に絵本や写真集、洋書などジャンルさまざま。本当に本が大好きな店の本棚は、ネットでは買えない本選びができる

本屋改装時に造った抜け穴。谷川俊太郎さんの落書きも

本探しの後はカフェ「orange」でお茶したり雑貨を見たり

人気メニューはオムカレーや毎日漬け続けているぬか漬け

33 New Kyushu Trip
中部 ｜ 熊本市 ｜ 書店＆カフェ

橙書店、orange

Daidai Shoten

ちいさな幸せに満ちた とびきりの宿り木

ずぅっと浸かっていたいぬるま湯――。カフェ「orange」と、隣接する「橙書店」をひと言で表すならならそんな感じ。2つの店の主・田尻久子さんと、そこに連なる人やモノたちが醸す居心地は、旅人にとってもオアシスだ。実際、写真家の川内倫子さんやら感度豊かな旅人たちが、この店へ立ち寄って休息していくと聞く。

熊本市の繁華街、玉屋通りという懐かしい小路で、久子さんがカフェを始めたのは2001年で、書店を立ち上げたのはその7年後のこと。数年前からどんな店が入っても続かない物件が隣の空間で、久子さんはひそかに「本屋さんになったらいいのに」と願い続けたそう。それがあるとき、またまた空き物件になったタイミングで、「思いもかけず」自分で書店を開いてしまった。

橙書店の本棚を眺めていると一冊一冊丁寧に選ばれた本ばかりだと伝わってくる。本屋業をまったく知らずに始めたという店主のセレクト基準は、「3年経っても大切にしたい本」。扱っている本は在庫のリスクも覚悟の上で、出版社から直に買い取っていると聞いて、出版関係者の1人としては大感激だ。けれど、うっすら商売は大丈夫だろうか？ なんて心配を、みんなするのだろう。縁ある作家や名物編集長がトークイベントをして集客に貢献したり、地元のお客さんも、高校生の男の子2人がおこづかいを出し合って1冊を買ってくれたり、「みょうなか（へンな）本ばっかり売っとらすけん」と定期的に本を注文するおじいちゃんや、あったかい応援団がいっぱいるみたい。食糧の差し入れもしょっちゅうで、「ほとんどもらいモノで生きてるんです。みんなやさしいんですよー」なんて笑いながら、ぬか床を世話する久子さんと、カウンター越しにおしゃべりするのが、また楽しい。

甘えん坊の愛息、白玉さん

長居の間に、書店へ行って本の世界にどっぷりトリップ。選んだ本を持ってカフェに戻って読みふけり、ふと気づけば日が暮れている……。旅先での贅沢な時間。

ちなみにこの2つのお店は、奥の壁が抜け穴のような通路でつながっている。書店に誰もいないときは看板猫の白玉さんが店番していたり、していなかったり。だいたいは、奥の抜け穴に向かってひと声をかければ、久子さんがひょっこり壁の向こうから現れる、はず。

住　所　熊本県熊本市中央区新市街6-22
電　話　096-355-1276
時　間　月～土曜日 11:30～21:00、日曜日～19:00
定休日　不定休
最寄り　熊本市電「辛島町」駅
Ｈ　Ｐ　http://www.zakkacafe-orange.com/daidai/

山の山頂に切り拓いた、東京ドーム3個分の敷地に、ジャージー牛が約30頭、鶏が約300羽、通年放牧。子牛は母牛のミルクと草だけ、鶏や豚にも配合飼料はいっさい与えていない

34 New Kyushu Trip

中部 ｜ 熊本・玉名 ｜ 牧場体験・ピザ

玉名牧場

Tamana Bokujo

見て触れて、食べて。スローフードの青空教室へ

熊本市街地から県北の小さな集落へ、車で小1時間ほど。うっそうとした緑の山道を車を登り、こんなところに本当にあるの？ と思った頃にひょっこり「玉名牧場」が現れた。標高２０００メートルの頂き。澄んだ山の空気を肺の奥まで吸い込み深呼吸していると、牛や鶏たちの歓迎の声に続き、牧場の主・矢野希実さんがにこやかに出迎えてくださった。

前々からスローフードに関心の深い友人たちから「玉名の牧場見学がおもしろい」と噂を聞いていたが、リストランテ・ミヤモト（P.92）のけんしんシェフからも「ヤノっちは熱い男ですヨ」とすすめられ、訪れたのだ。

折よく牧場見学&ランチの実施日。この日の参加者に交ぜてもらい体験してみた。

14ヘクタール（東京ドーム3個分ですって）の広大な敷地に、牛は総勢30頭。放牧地に矢野さんが入ると、子牛たちがうれしそうにすり寄ってくる。めんこいなぁーと見惚れていると、乾燥した牛のうんこをひょいっと拾って、矢野

住　所　熊本県玉名市三ツ川 1024-2
電　話　0968-74-9248
時　間　牧場見学は 1 日 2 回
（1 人 1,890 円・食事つき）、完全予約制
定休日　木曜日（詳細は HP にて）
行き方　玉名 I.C より車で約 30 分
H　P　www.tamanabokujo.jp

ジャージー牛の乳質を活かした自家製ナチュラルチーズはここならではの味。お土産に

さんが熱く語り始めた。

「うちの牧場は臭くないでしょう？　いい草を食べているから、うんこも臭わないし、ほら手で触っても大丈夫。食べるものと環境で、動物も、人も、変わってくるんでよ」

食で人は変わる――。それは矢野さん自身の人生を変えた、キーワードでもある。

北九州で生まれ育ち、子どもの頃からアトピー性のぜんそく持ちだった矢野さん。治らないまま成人し、エンジニアの仕事に就いた。「あるとき休日に友人の自然農法の農場を手伝うようになり、そのお返しでもらった米や野菜を食べていると、体の中から癒やされていく感じがしたんです。ああ、やっぱり自分の病は食が原因だったのかと……」

エンジニアから一転、農の世界へ入り、30歳で牧場主に。昔ながらの里山の暮らし方を指針に、お米や野菜を自然栽培し、酪農を営みながら8年前からチーズを製造。玉名牧場の牛たちの乳質に合った加工法で独自のナチュラルチーズを作って人気を得ている。

そんな生業のかたわら、自分が体験したように「食への意識を変えるきっかけになれば」と見学プログラムをつくって体験を後押しする。

さてその実際の見学は、牧場をぐるりと回って1時間半ほどで、思った以上の内容の濃さ。ストレスのない鶏の卵、農薬や肥料に頼らない土づくり、自然分娩で生まれる子牛、健康な野菜の選び方……と、目からウロコの話が続々。本やテレビで覚える知識よりも、こんなふうに現場で見て聞いて感じることは、きっと忘れないのだと思う。

ランチに牧場自慢のチーズを使ったピザや摘みたて野菜のサラダが、おいしくってみんな笑いながら食べていたら、参加者の若いママさんがつぶやいた。「『いのち』って味がする」。矢野さんの想いが伝わった。

「何を食べる」を考える山の時間

1. 玉名牧場の牛も鶏も穏やか。近づいても「どうぞ触って」といった顔をする　2. 牧場主の矢野希実さん（中央）と、牧場の理念に惹かれて働く若いスタッフ牛糞も手で触っても臭わず、汚物というより肥やし。土に還り牧草の肥料になる　3. 見学のお楽しみはランチ！　ホームメイドのチーズプレートと摘みたてサラダ、焼きたてのピザ

源泉の湯は入った後にお肌がすべすべになると
評判。歴史のある浴室はレトロな風情が魅力

「裏庭」にある美しい棚田。そばに隠れ家もあり

35 New Kyushu Trip
中部 | 熊本・人吉 | 宿・温泉

旅館 たから湯

Ryokan Takarayu

美意識とぬくもりに満ちた山里の楽園へ

熊本・人吉の古い湯治宿が美しく蘇ったよ。そんな話を知人に聞いて「たから湯」へ最初の取材に伺ったのが、今からおよそ18年前のこと。その再生された宿は、半地下の古色ゆかしい湯所があって、木の階段や木枠の窓や装飾も、明治のハイカラな面影が上手に息を吹き返していた。なにより印象的だったのは、古材を活かした和空間に、さりげなく配したイタリアのモダンファニチャーのかっこよさ。「すてきなセンス!」と興奮したことを覚えている。

「昔からある地元のいい建物を壊さんで、どうにか活かせんやろうかと思っただけなんですよ」オーナーの山本英一さんはそう振り返って、照れ笑いする。たから湯とは、そもそも人吉温泉の源泉の湯治宿だったところで、創業は明治24年。古い登記には「湯楽寺」という名で載っていたらしく、あちこちに湯どころが点在するこの地でも、切り傷や皮膚の病によく効くと周辺の人々に知られていた名湯。そんな由緒ある宿が売りに出され、建物はつぶされてアパートが建つらしいという話を耳にし、救いたい一心で買ったそう。ただ、山本さんは不動産や土木建築関係の会社を持つ経営者であり、当初は宿の事業をやるつもりは毛頭なかったのが、委託運営がうまく行かず、自らの手でやる成り行きに。そんな事情を突如知らされたのが奥さまの重子さん。「絶対にできません」と首を横に振ったものの、夫が乗った船、と会社の事務職から女将業へ転身。「無我夢中でねぇ。素人だったから自分なりでやるしかなくて」とチャーミングに笑う重子さんはお客さんとのほのぼのとしたエピソードを宝物のように物語る。小さな宿だからこそ大切な家族のように。単なる丁寧さとは違う、重子さんの愛情深いもてなしが、ゲストの8割がリピーターという宿のすみずみに感じられる。

さて、宿の創世記から今日まで、うれしいことに数年ごとに取材の機会があり、訪れるたび宿を取り

たから湯の客室。和モダンで落ち着く

巻くフィールドが広がって、なんだか物語が潜んでいそうと感じていた。それが緑の小山を切り開いてつくられた「倉カフェ」ができたとき、山本さんがダンディなおじさまというだけでなく、じつはガウディのごとき創作癖の持ち主とわかり、興味津々に。「つくっているときが一番愉しくってね。倉カフェも、あんまり考えてつくってないとですよ。できた後に、宿のお客さんたちにお茶を飲んでもらえる場所にしようかって」。明確なビジネス計画があってつくったのではなく、「こんな景色があったらいいな」の発想から、土地を整え、樹や草花を植え、建物を建てたというのが事実。その創造活動の一瞬一瞬が楽しいと、山本さんから底抜けの笑顔が返ってきた。

山本さんを支える重子さんは女将に、厨房に息子・宗一郎さん、娘・珠美さんはカフェに

　人吉生まれの人吉育ち。モダンなインテリアセンスは、「海外で身につけたもの?」と尋ねれば、「雑誌は見ますが、遠い外国なんて行ったことがない」と肩をすくめる山本さん。聞けば、その洗練された視点や庭づくりの感性の学び舎は、人吉の自然のよう。幼い頃から野山の花や緑が好きで、中学生ぐらいから山に入っては紅葉や松の苗や苔を組み合わせて盆栽を作って、植生や景色の流れの心地よい場所を自然と学んだのだそう。

　さて、湯宿やカフェが人を招く「表庭」だとしたら、かれこれ15年、コツコツつくられている「裏庭」もある。晩秋のある日、山本さんが案内してくださった。そこは宿から車で20分ほどの山辺の集落。くねくねと険しい山道を上り下りしてたどり着いた先に、広々と出現した目を洗うような棚田の絶景

緑に包まれた、宿やカフェの幸福

丘を切り開いて造った「倉カフェ」。洋風の建物に和洋の植物が調和した庭はまるで外国のよう。球磨川を一望する眺めもごちそう

旅館 たから湯

夕食にはその季節にしか味わえない自然の恵みがたっぷり。盛りつけも美しくって目にもおいしい

に、思わず声が出た。

ここも持ち主が事業に失敗して土地を手放す寸前に、こんな棚田の景色をなくしてはもったいないと、ひと山丸ごと引き受けたものとか。田んぼを囲む雑木林を歩けば、きれいな湧き水や渓流のせせらぎがあって。ここは桃源郷？ と見とれてしまう眺めの中に、さりげなく山本さんが手を入れていた。川の流れを邪魔しないように石橋を架け、田んぼや地形に沿って小径をつくり、緑の眺めに溶け込むエレガントな山荘を建てて。造りかけ東屋は、苔がついて雨風で風化して景色に根づくのを待っているという。すごいスケールで風景をつくっているのだと感嘆すると、「いや、借金をつくってる」と山本さんは大いに照れる。「金があっても、ゴルフ三昧よりこっちが断然かっこいい。男のロマンってこれだよな」とTおじぃカメラマンも憧れ顔だ。自然と共作する庭づくりは、地上の夢。素朴な美しさに満ちた棚田ガーデンの噂を聞いて、ジブリの制作スタッフが立ち寄ったり、トヨタ車のプロモーション撮影にも使われたとか。

この豊潤な大地ときれいな湧き水に育まれた棚田米に鮎や山菜など折々の恵みが、宿やカフェの食卓に上がっている。何度目を真ん丸にして、おいしい！　と叫んだことか。言葉に尽くせない特別な滋味は、山里の魔法に違いない。

人吉の街中から少し離れたところに立つ小体な宿。九州各地から定期的に訪れる常客も少なくない

住　所　熊本県人吉市温泉町
　　　　湯ノ元2482
電　話　0966-23-4951
宿　泊　1泊2食23,910円～
行き方　JR人吉駅より車で5分

評判のたなか屋セットでは、最初にドーンと出てくる高級肉のプレート。タレもあるけど、これは塩とワサビで。120分食べ放題の肉パラダイスに、目が泳ぐ

36 New Kyushu Trip
中部 | 熊本・天草 | 焼肉

たなか屋

Tanakaya

高級肉の食べ放題、「奇跡の焼肉」の幸福

1. いろんなタイプの席があり、お座敷もちゃんとある　2. 意外に人気のカレーはいい肉のお出汁が効いて、食べずには帰れない　3. 店内の焼酎はすべて1200円飲み放題と、太っ腹！

「奇跡の焼肉」。このすごいネーミングは、くまモンの仕かけ人で『おくりびと』のシナリオライターでもある、小山薫堂氏によるものだ。小山氏は天草出身。「今一番行きたい肉料理の店は？」という料理雑誌の質問に、「天草のたなか屋です」と即答されたとか。なにが奇跡かといえば、価格に見合わない肉の質。そして惜しげもないボリュームだ。たなか屋セットは食べ放題１２０分で、１人３９００円。これを頼むと、まずどーんと出てくるのがプレートに載った黒毛和牛の希少部位のオンパレード。サーロイン、サガリ、ランプ、ミスジなど内容は日替わり。そして、ステーキ並みの厚切り！　見事なサシに目が釘づけだ。肉に詳しくなくても、高級肉だとわかる。「これ、あの金額で出してくれるんですか？」って、思わず聞きたくなる。でもね、これだけじゃ奇跡とはいえない。これを食べた後は、さらに土日・祝日はセルフサービスでお肉が好きなだけ取り放題。しかもここにある、カルビやもも肉なども上質なものだ。さらに、ホルモンもあるよ。ご飯もあるけど、カレーや牛丼にして食べてもいい。もちろん、これらも料金の範囲内。ちゃんと、サラダも食べなさい。というのが、全部込みの３９００円。これはもう、お腹に入るだけ入れなければ！　これで採算取れるのだろうか？　と、誰もが思う。やっぱり奇跡だ。

たなか屋は、もともと天草で牧場を営んでいた田中健司さんが開いた。まず、精肉店を始めたが、おいしい肉でもっとみんなを喜ばせたくて焼き肉屋も併設した。でも、飲食店は人手がいる。少ない人数で回していくには、食べ放題にしようと。でも、喜んでもらいたいから、肉はいいものを出そう。もう、ケチなこと言わずに大盤振る舞いだ。というわけで、今に至るらしい。

さて、奇跡は続く。田中さんは牛の買い付けで鹿児島あたりに出向くことが多い。鹿児島といえば焼酎の本場。田中さんも大好きだそうだ。だから、ついでに芋焼酎も買ってくる。中には、今ではなかなか手に入らない銘柄もあるが、そこは、小さなことは言わない。ビールと焼酎は、１２００円追加で飲み放題。ビールも、自動のビアサーバーが導入されているから、素人だっておいしく注げる。ちなみに、ソフトドリンクは無料だ。太っ腹である。

あとはもう、どんどん食べるのみ。お肉でお腹いっぱいなのに、やっぱり最後はカレーが食べたい！　あ、デザートも食べなくちゃ。こうして奇跡を体感したのだった。ああ、幸せ。

住　所　熊本県天草市五和町
　　　　城河原 2-101-1
電　話　0969-34-0288
時　間　11:30～20:00（入店）
定休日　火曜日（祝日の場合は翌日）
行き方　本渡バスセンターより車で約15分

37 New Kyushu Trip

中部 ｜ 熊本・天草 ｜ 寿司

蛇の目寿司

Janomezushi

天草の寿司とおしゃべりを楽しむカウンター

海に囲まれ、漁港も多い天草。魚介類への期待も高まる。でも、単純に海が近いから魚が旨いというものでもないらしい。それを教えてくれたのは、天草の寿司の名店「蛇の目寿司」の店主・濱孝顕（はまたかあき）さんだった。「八代海（やつしろかい）と有明海、天草灘（東シナ海）に囲まれた天草諸島には、いろいろな潮流が流れ、それに乗ってさまざまな魚がやって来るので豊富な魚種に恵まれています。特に有明海から早崎海峡は潮の流れが速く海はいつも

「おまかせにぎり」は小鉢、味噌汁、デザートがついて 12 カン 4,000 円～とお値打ち！

きれいに保たれる。海底も起伏に富んでいるためウニやアワビの餌になる海藻がよく育ちます。ここの魚はタイやタコも身がしまっておいしいですよ」。また、山から豊富なミネラルが流れ込み、海をさらにきれいに豊かにするのではないかと言う。きれいな山や森があって、美しい海が育つのだ。

　蛇の目寿司は天草では老舗の寿司店で、濱さんは2代目だ。天草で生まれ育ち、大学は東京、大阪での修行を経て天草に戻り、1992年に店を継いだ。

　天草の海で、天草の漁師さんがとった魚だけを握る。カウンター

ネタごとの価格がきちんと表示されていて、安心していただける

の上には、ミズイカ、タコ、アナゴ、キビナゴ、タイラギ、車エビなど、とりどりの魚が並ぶ。すべて天然ものだ。旬は大切にするが、旬の魚だけがサイコーというわけではないとも思っているそう。たとえば脂が乗っていなければ、ポン酢でさっぱり食べさせる。それも旨い。「魚が良ければ、やり方はいろいろあるんです」。天草の良質な魚なら、旬にこだわらなくても、味のバランスを整えることができる。濱さんの寿司は味をつけて出すことが多い。マダイは軽く塩をふり、柑橘をぎゅっとしぼる。車エビは、エビ味噌を挟んでいる。キビナゴの上にはショウガ醤油を載せるという具合。ウニも軍艦でなく、握りで出す。「海苔の味、香りや食感にじゃまされず、ウニ本来の味や風味を味わってほしいなと思って」。自信を持っている天草の魚だからこそ、その魚の持ち味を活かした食べ方で客に出したいのだ。

観光で訪れる客も多い。濱さんは会話を大切にし、観光の情報を提供したり、よそのおいしい店の話をすることも。せっかく天草に来たのなら、楽しい思い出をたくさん持ち帰ってほしいからだ。ただ寿司がうまいだけの店じゃない。人のつながりがあって、だから遠来の常連も少なくないのだ。

見事な車エビも天草の名産！　ネタケースを眺めていると、自然とおしゃべりが弾む

天草をこよなく愛する店主、濱さん。旅人はぜひカウンター席へ

住　所　熊本県天草市大浜町 6-3
電　話　0969-23-2238
時　間　11:30 ～ L.O.14:00、
17:30 ～ L.O.21:00
定休日　水曜日
行き方　本渡バスセンターから
車で約５分
Ｈ　Ｐ　http://www.jyanomesusi.com/

38 New Kyushu Trip
中部 | 熊本・天草 | 宿・温泉

石山離宮 五足のくつ
Ishiyamarikyu Gosoku no kutsu

天草の楽園で見つける、
自分らしい時間の使い方

「石山離宮 五足のくつ」は、2002年天草に誕生した。まずヴィラA・Bの離れが10棟でオープン。2005年に、ヴィラCの離れ5棟ができた。

ヴィラA・Bのテーマは、アジアの中の天草だった。天草の漁師町を思わせるヴィラA。海沿いの漁師の家に泊まる感覚で、玄関の引き戸を開け、客室に入る。客室は離れの6棟で、各部屋に天然温泉の露天風呂と内湯があるため、部屋に入ったら、そこはもう我が家のようなくつろぎの空間になる。ヴィラBはアジアンリゾートタイプのメゾネットの部屋4室。もちろん、こちらも露天風呂と内湯つき。2階のバルコニーの向こうには、世界と天草をつなぐ海が見える。「NEW天草＝天草の未来」を表現しているのだそう。

オープン間もない五足のくつに泊まったときは、まだヴィラA・Bしかなかった。それでも、これまでの宿とは違う、おもしろい趣向が盛り込まれた宿の出現に、ワクワクしたのを覚えている。それからしばらくご縁がなく、久しぶりで訪ねたとき、敷地内の木々や緑が大きく成長し、すっかりイメージが変わっていて驚いた。よりアジアな感じがして、時間をかけて、宿が変化しているのだと感じた。豊かな、濃い緑の中で、宿の敷地内を歩くのが楽しかった。

スタッフのピュアな笑顔のお見送り

五足のくつのオーナー・山﨑博文氏は、自らを「旅人」と名乗るほど旅が好きな方だ。今も時間があれば、どこかしらに旅に出る。五足のくつには、そんな旅人の思いが込められているように思う。旅に出ると、自分の住んでいるところを客観的に見ることになる。旅を繰り返す人は、そんなフィルターを持っているのではないだろうか。山﨑氏も旅先で天草を思い、自分がこれからつくる宿を描いたのかもしれない。そう思うのは、五足のくつにいると、ふと自分がどこにいるかわからなくなるときがあるからだ。そんな不思議さ、空気感がある。それならば、滞在中はこの不思議さを楽しんでみよう。

最も新しいヴィラCは、山の斜面にあり、完全に独立している。ヴィラA・BとCはまったく別の趣。ヴィラCのテーマは「キリスト教が伝来した中世の天草」。部屋に入ると外界からは隔離され、自分たちだけの時間が流れる。本当に静かだ。出かけず、宿で過ごす時間をもっと楽しみたい。ただただなにもせず宿の中で過ごす。夕食の時間まで、この宿に泊まる幸せを満喫していたい。

五足のくつに泊まる大きな楽し

目覚めたらまず緑陰の朝湯へざぼんっ。旅時間へスイッチ

夕暮れどきにテラスでシャンパンを一杯。大人って楽しい

2

3

1. 天草はキリシタンの歴史ある土地。グレゴリオ聖歌が流れるレストランが不思議な時間を醸す　2～5.9. ブランド地鶏・天草大王や新鮮な魚介を使った創意あふれる料理の数々。五感がよろこぶ！ 6. テラスでいただく朝食も至福。和・洋を選べる　7.8. アジアリゾート風のインテリアが旅のムードを盛り上げてくれる

1

8

9

6

7

4

5

絶景も楽園も、ここにあった

みは、食事にある。宿の料理の礎を築き、食通たちの評判を得ていた2代目料理長・岩本教生さんが、6年ぶりに厨房に復帰したというから、いっそう期待が高まる。ルームサービスもあるが、基本はレストランでの食事。ヴィラA・Bには「淡味邪宗門」、ヴィラCには「天正」という個室タイプのレストランが準備されているのだ。食事内容は異なるが、いずれも天草近海の豊かな海でとれた魚介類や、力強い大地の恵みの食材が惜しげもなく使われている。素材使いがダイナミックで、繊細な中にも驚きがあって、心が躍る。初めて宿泊した日の蒸し物は、丸ごとのメカブだった。大胆だが、火の通り具合も絶妙で、刻んだものとはまったく違う旨味と出合えた。海の幸を知り尽くしているからこその一皿だと思った。

さらに宿の贅沢は連泊。五足のくつでは、1泊目と2泊目はまったく違う料理が出され、昼食も準備してもらえる。そう聞くと、いっそう贅沢に思えてくる。いつかはやってみたい。

ヴィラA・BとCには、それぞれにバーがある。食事の前や後、食前酒や食後酒、カクテルや眠る前のちょっと強い酒まで、大人なひと時を静かに過ごすことができる。ライブラリーもあるので、本や雑誌、DVDなどは、部屋に持ち帰ってゆっくり楽しむことができるのだ。五足のくつの夜は長い。晴れならば、夕日や星空、そして、雨なら雨の風情までも楽しみ、ふくよかな自然に包まれて過ごしたい。

五足のくつの朝、のんびり朝寝もいいけれど、朝湯。昨夜は夕日を眺めながら入った露天風呂に、早朝の空気を吸い込みながらのんびり浸かる。お風呂はどの部屋も源泉かけ流しの天然温泉。外が気持ちのいい季節は、朝ごはんをテラスでもいただける。和洋のメニューがあり、どちらも元気になる朝食だ。

チェックアウトの前に散歩でもしてみよう。もともと宿の屋号は、天草の歴史に由来する。宿の裏山は「石山」で、陶石を産する山のこと。天草西海岸は全国70%のシェアを誇る陶石の産地だ。また、明治時代には北原白秋、与謝野鉄幹、木下杢太郎ら5人の詩人たちが天草を旅した。この旅は「五足の靴」と題した紀行文として新聞に掲載され、世間に日本文化と西洋文化がミックスされた天草の魅力を広く知らせるきっかけとなったのだ。宿の敷地には彼らが旅した道が「五足の靴文学遊歩道」として残っている。若き白秋や鉄幹が歩いた道を少したどってみたい。

ヴィラCの露天風呂。海に沈む夕陽を眺めながらの湯浴み。遠い国のリゾートに来たみたいな気分になる

住　所　熊本県天草市天草町下田北2237
電　話　0969-45-3633
宿　泊　1泊2食25,000円〜
行き方　天草空港から車で約40分（送迎あり）
H　P　http://www.rikyu5.jp

39 New Kyushu Trip
中部 | 大分・湯布院 | バー

湯布院のBarでひと時

Bar in Yufuin

玉の湯「ニコルズバー」から始まったBar文化

現在ニコルズバーでシェーカーを振るのは小村朋子さん

最近はスタンダードになってきた温泉宿や温泉街のバー。でも、ひと昔前まで温泉地の夜は寂しかった。宿の夕食が終わったら部屋で飲むくらい。宿の食事は比較的早いので、夜を持て余したものだ。卓球するのもねぇ……。温泉地で飲みに行く場所といえば、せいぜいスナックくらい。でも、そうとう手練れのおじさんじゃないと、知らない町のスナックってコワい。

私が宿のバーにはじめて入ったのは、「由布院玉の湯」の「Nicole's Bar（ニコルズバー）」だった。由布院玉の湯は言わずと知れた由布院御三家の1軒で、逸宿として名高い。でも、行ってみると、とてもやさしい印象の宿なのだ。さらに当時、温泉宿にバーがある！と驚いたので覚えている。

このバーは、ここを常宿にしていた作家のC・W・ニコルさんのお気に入り。昔、ニコルさんが執筆のための長期滞在中に、由布院にはバーがないからつくってほしいという要望があり、その名前を頂いてニコルズバーになったという伝説がある。でも真実はそんなに簡単ではなかったらしい。原稿執筆で2週間ほど滞在し、帰るときに「これでバーがあったら最高だね」と、宿泊の感想の言葉を残した。でも、一朝一夕にバーをつくれるわけがない。玉の湯の現社長・桑野和泉さん（以下、和泉さん）もバーは大好きで、あったらすてきだとは思いながら、実現できずにいたのだ。店舗を造り酒を揃えて、さあどうぞというわけにはいかない。そんなときに人づて

食事前の利用なら泡からのスタートもいい

暮れはじめた雑木林を眺めながらニコルズバーのひととき

に紹介されたのが、帝国ホテルのバーテンダーだった岩本賢二さんだ。岩本さんは、16年余り勤めた帝国ホテルを辞める予定で、次の勤務先を出身地の宮崎県がある九州内で探していた。ニコルさんの言葉、和泉さんの想い、そして、岩本さんとの出会い。3つがタイミングよく揃って、1995年11月、ニコルズバーは誕生した。

この岩本さんの存在が、その後の由布院のバーのあり方に大きな影響を与えたのではないかと思う。それほど存在感のあるバーテンダーだった。ある夜、私がニコルズバーのカウンターで飲んでいたら、8、9人の客がどやどやと入ってきた。どこかで食事したのか飲んでいたのか、テーブル席に座った面々は、口々に違うメニューをオーダーした。これはドタバタするなと思って見ていたが、岩本さんの手際は見事だった。あっという間にグラスを並べ、オーダーされた酒を次々に用意した。本当に鮮やかで、帝国ホテルでキャリアを

カクテルやウイスキーのリクエストも気軽に

亀の井別荘内にある「バー山猫」。電話 0977-85-2866

バーごとに出逢いがきっとある

積んだバーテンダーの力量を見た気がした。カウンターの中ではいつも背筋を伸ばして立ち、表情は穏やか。一見、常連の分け隔てなく、客との程よい距離感を保ちながら、居心地のいい空間と時間を提供してくれる。バーテンダーとはこうあるものだと、教えられた。

　ニコルズバーは、玉の湯の敷地内にあるが、宿泊客以外も利用できる。御三家の中でも、「山荘無量塔」の「Tan's bar（タンズバー）」は、夜は宿泊客のみのバーとなる。宿泊客が静かにバータイムを楽しみたいのなら、制限した方がいいのかもしれない。でも玉の湯では最初から制限は考えていなかった。山あいにある無量塔と違い、観光客が大勢訪れる場所にある。気軽に立ち寄れる開かれたスペースにしたかったそうだ。

　ニコルズバーの客は、宿泊客が4割、外からが6割。さらに外からの客も、観光客と地元が半々と、いろいろな客が集う。私も、由布院でモノづくりしている方とカウンターで隣同士になり、いろいろな話を聞いたこともあったし、別の方に観光情報をもらったこともあった。ニコルズバーは、観光客と地元の方々が気軽に情報交換できるサロンのような場所なのかもしれない。観光地のバーはそんな側面も持つ。浴衣姿とジーンズの客がカウンターで隣り合わせ、そんな光景が日常だ。もちろん、誰も客がいなくて、寂しくグラスを傾ける日もある。それも、またよしなのである。

「バーをつくってよかったことは？」と、和泉さんに聞いてみた。「由布院にバーの文化が根づいたことかな」と答えが返ってきた。玉の湯のバーの評判が高かったか

湯布院のBarでひと時

宿のバーでグラスを傾ける大人な時間

らか、その後、湯布院の宿がバーを併設することが多くなった。御三家の「亀の井別荘」の「bar山猫」は、江戸末期の造り酒屋を改築した茶房「天井桟敷（てんじょうさじき）」を夜のみバーとして開放。昼間とはまったく異なる雰囲気が味わえる。「おやど二本の葦束（あしたば）」の重厚感ある「Bar Barolo（バー・バローロ）」は古民家を移築した落ち着いた雰囲気のバーで、バーテンダー佐藤健一さんの醸し出すあたたかい雰囲気にファンも多い。それぞれに個性がある。由布院で、バー巡りをする人もいるらしい。温泉地の夜に、新たな楽しみ方が加わった。

ニコルズバーを筆頭に、宿に併設されたバーは、外光を取り入れたところが多い。周辺の恵まれた緑が窓に広がり、都会のそれとは違った趣だ。個人的には薄暮に、カウンターに座り移ろう空の色を眺めながらグラスを傾けるのは、とても贅沢だと感じる。由布院には、こんな贅沢な時間をくれるバーがいくつもあるのだ。

前述の岩本さんも、10年勤めたニコルズバーを辞めて、２００５年11月、由布院に「Bar Stir（バー・ステア）」を開店。宿のバーではないが、由布院のバー文化がさらに厚みを増した。

「バーステア」は岩本さんらしい洗練された雰囲気のバー。由布市湯布院町川上3056 協栄ビル2階 電話 0977-85-3935

おやど二本の葦束内「バーバローロ」電話 0977-85-3666

ニコルズバー

住　所　大分県由布市湯布院町湯の坪
　　　　由布院玉の湯内
電　話　0977-85-2160
時　間　17:00～19:00、20:00～L.O.23:00
定休日　なし
行き方　JR由布院駅から車で約５分
H　P　http://www.tamanoyu.co.jp

雄大な風景にしばし見とれて
しまった免の石。上の岩は軽
自動車くらいの大きさらしい

住　所　熊本県阿蘇郡南阿蘇村大字河陰
電　話　0967-67-2222
（南阿蘇村観光協会へ３日前までに申込み）
時　間　9:00～16:00（悪天候の場合中止）

※往復コース2000円（中学生以上）・周回コース3000円（中学生以上）、集合場所は申込みの際に確認

40 New Kyushu Trip
中部｜熊本・阿蘇｜観光

免の石
Men no Ishi

阿蘇のパワースポットで力をもらう

熊本県の南阿蘇で出合える不思議な石がある。石の名前は「免（めん）の石」。「落ちない石」「宙に浮かぶ石」「神秘のパワースポット」などと呼び方はさまざま。大自然がつくった不思議の一つらしい。その光景を、一度は見てみたい。

免の石があるのは南外輪山（みなみがいりんざん）の中腹。最近は展望公園も整備され、遠くから眺めることもできるらしいが、やはり目の前で見てみたい！　が、免の石がある場所は私有地のため、勝手に入ることはできない。南阿蘇村観光協会の「免の石トレッキング」に申し込み、案内人に先導してもらう。

私有地へのゲートを通って10分ほど舗装された道を歩き、その後舗装路から外れて深い山の中に入る。もともと山歩きに慣れていない。素人判断だと迷ってしまいそうで、案内人の存在がありがたい。水が流れていない沢を登り、岩や枯れ枝などがごろごろした足場の悪い場所を歩くので、日頃舗装された道しか歩いていない身にはちょっと辛い。トレッキングシューズがあったほうがいい。ただし、辛いだけじゃない。自然の中を歩く楽しさもある。森の匂いがする。思いっきり深呼吸したりする。ときには岩をつかんだり、ロープにつかまったりしながらの場所もあるので、軍手を持っていくのがおすすめだ。レベルでいうと初級コース程度らしいが、けっこう登りが続く。案内人は参加者の様子を見ながら、休憩を入れてくれたり、おもしろい山の話をしてくれたり、おかげさまでなんとかギブアップしないで目的地に到着できた。

さあ、最後の難関は見上げる階段。これもコースを整備するときに造られたもので、以前はハシゴを昇らなければならず、多くの人がここまで来て、断念していたのだとか。階段を造ってくれた方々に感謝！

そして登りつめたときに、突然目の前に現れた不思議な光景。石が岸壁に挟まれている！　その向こうに見える風景が神々しく見える。ありがたや。ありがたや。頑張って登ってほんとうによかった。

一説には、「龍が産み落とした卵」とされていて、そこから「娩の石」と呼ばれていたのが「免の石」となった。という言い伝えも。実際には「火山活動の過程で崩壊や浸食を繰り返し、偶然一つの石が岸壁に挟まった」んだとか。ほかに「もともと左右の岸壁とともに一つの大きな岩だったのが、浸食により今の形になった」という説も。「難や災いを免じる」と家内安全祈願や、この「落ちない」姿にあやかって、受験生や就職試験の合格祈願に来たり。最近ではパワースポットとして脚光を浴びるようになった。

ここがパワースポットか否かは、正直わからない。でも自分の足で自然の中を歩き、到達した達成感や清々しさは、気持ちいい。パワーがみなぎってくるように思えた。阿蘇って不思議な場所だ。

Rail Road column 2

古くて新しい「SL人吉」に出会う

ブファァーンと電気音ではない雄々しき汽笛の音、煙と湿気が入り交じった熱気に、鳥肌がたってしまう。鹿児島本線・肥薩線経由で運行する「SL人吉」は、大正時代に製造された「蒸気機関車ハチロク」。古き良き時代の旅の情緒と五感で感じる迫力は、鉄道ファンならずとも感激必至。1922年に製造され、

1両目と3両目につくられたパノラマビューの展望ラウンジは特等席。何度となく球磨川を渡り、変化に富んだ美しい川辺の風景が車窓を飾り、子どもも大人も夢中にさせる

熊本駅を発車した列車は途中の八代駅まで鹿児島本線を走り、球磨川沿いを走る肥薩線に入る。人吉駅で必見は転車台（蒸気機関車を方向転換するためのターンテーブル）。現存するものは全国的にも貴重

「SL人吉」おすすめコース

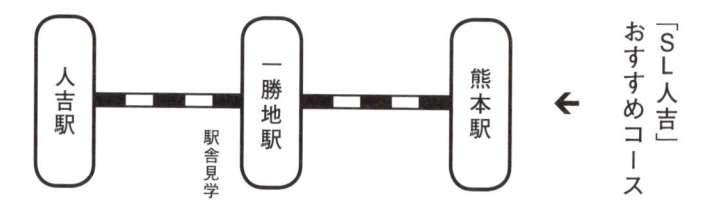

← 熊本駅 ― 一勝地駅（駅舎見学）― 人吉駅

長崎本線を始め九州各地で50年ほど活躍した後、じつは一度老朽化のため引退したものの、多くのファンの声で2009年に再復活。現役では日本最長老のSLなのだ。化粧直しされ黒光りするボディに牽引される客車は、往時の面影を残しながらも、快適な革張りシートなどモダンにリニューアルし、絶景を楽しむパノラマビューの展望ラウンジもあり。全席予約制で、人気も高いから前もって旅計画を練って。このSLに乗っている人みんな、念願が叶ってうれしくてたまらない顔をしている。「いい旅ですね」なんて乗り合わせた人たちと言い合っていると、また喜びがこみあがってくる。古くて新しい蒸気機関車との出合いを、たっぷり味わってほしい。

人吉駅から車で5分ほど。ランチやお茶をするなら、人吉市街が一望できる小高い丘に建つ「Kura_ 倉 Cafe」へ。モダンなインテリアも居心地がよい。
住所：人吉市願成寺町 1007-20　電話：0966-28-3080

熊本駅～人吉駅／1日1往復。3～11月の運行日限定、事前予約して

熊本駅発～人吉駅着の間に、6つの停車駅の中で、坂本・白石・一勝地は比較的長く停車する駅。列車を降りて趣のある駅舎見学しても

人吉駅下車で人吉温泉の街散策を。温泉に立ち寄ったり、桜や紅葉の時季は人吉城跡（国指定史跡）の散歩が心地よい

※列車のルートなど詳細は JR 九州 HP にてご確認を。www.jrkyushu.co.jp/

3

あたらしい九州旅行

南部エリア

宮崎・鹿児島

宇宙を感じる島、
世界のVIPに愛される宿など……。
日本のお宝がごろごろ。

一見おしゃれな店でも気どりなく、
「郷土」や「おふくろの味」といった
深〜い旨みをもった鍋よろしく、
滋味豊かなやさしさで
もてなしてくれる南国エリア。

41

New Kyushu Trip
南部 ｜ 宮崎市 ｜ 焼鳥

炭火串焼 とらや

Sumibi Kushiyaki Toraya

宮崎にて、
地鶏の旨味と料理人の
仕事に惚れる

店主の鮫島ご兄弟。「食は人なり」と感じてしまう誠実な仕事ぶりに触れたくて店を訪れる

　宮崎市の繁華街の雑居ビルの2階。階段を上がると「炭火串焼とらや」が、ある。店内は木をふんだんに使い、落ち着いた佇まい。季節の花や絵画も飾られ、空間も美しく整えられている。その中心にあるのが、L字のカウンターに囲まれた焼き台だ。カウンターは無垢のツガ材で、ほどよく使い込まれて心地いい。換気扇や厨房のステンレスもピカピカに磨かれ、清潔感があるのもうれしい。

　店を営むのは、鮫島学さん、尚さんの兄弟。いつもパリッと真っ白な白衣で出迎えてくれる。常連に対しても、なれなれしくなく（でも冗談は言う）、それでいて、あたたかい。遠方からのリピーターが多いのも、そんな2人の顔を見たくて、そして、この空間に恋したからかもしれない。もちろん、串焼きの魅力は言うまでもない。

　兄弟の生家は市内の鶏屋で、子どもの頃から鶏をさばくのを手伝っていた。「あの頃は家を子どもが手伝うのは普通やったもんね」と振り返るご兄弟。でも生業にすることは思っていなかったそうで、だから大学は2人とも東京へ。それが鶏を扱う仕事をすることになるとは、「縁があったんやろうねえ」としみじみ。特に鶏料理屋で修行の経験はなくとも、鶏肉の扱いはしっかり体が覚えていた。いや鶏一羽丸ごとさばけるなんて、ちょっとした達人。今はさばくのは、専門業者に任せているそうだが、鶏のすみずみまで熟知しているのだ。

　鶏は処理後8～12時間後が熟成が進み最も美味で、とらやではこの条件を満たす朝びき鶏が主役だ。宮崎で鶏といえば、もも肉の炭火焼きが有名だが、この店で供するのは、鶏のさまざまな部位の串焼き。鶏をさばく中で出てくる稀少な部位も食べられるのは、鮫島さんの丁寧な包丁使いの賜物である。

　とらやのおすすめは、串焼き10本と野菜スティック、スープがセットになった梅コース。これで1800円（税抜き）なんて、本当にお値打ちだ。お客の大部分が、まずこれを注文する（と、思う）。このコースの10本はバラエティに富んでいて、淡白なささみから、ねぎ間やつくね、ちょっと変化球でチーズ巻き、豚バラを使った2本、うず巻きとアスパラ巻きまで、飽きることなく食べ進めることができる。この店の串焼きのおいしさのヒミツを、どんなに聞いても鮫島さんは教えてくれないが、絶妙な焼き加減と塩のあんばいだろうか。宮崎産の日向白炭で丁寧に焼かれた肉は、鶏の旨味が引き出され、かめばジュワーと肉汁があふれ出す。おいしさを逃したくなさに、つい早食いになってしまうのが玉にキズかな？

　追加のぜひものメニューは、鳥

お腹に余裕があれば、背ギモ、ハラミなどの希少部位もぜひ

焼き台を眺めるカウンターがここの特等席だ

刺し。鳥刺し（ささみ）のほか、レバー刺し、ズリ（砂肝）刺し、ハツ（心臓）刺しあり、これはもう鮮度と料理人の腕ありきの美味。火を通した鶏では味わえない、コリコリやムチッなどそれぞれの食感の違いや風味、旨味がしっかり味わえる。

シメ飯には、とり茶漬けがいい。ご飯の上にササミを載っけて店自慢のとりスープがたっぷりかかり、「満腹かな?」と思っていてもサラサラといけてしまう。さすが鶏料理屋のお茶漬けだ。ああ、幸せな時間だ。こんな味も居心地もいいお店。当然地元の常連も多いわけで、特に週末なんて予約しておかなければ後悔してしまう。

住　所　宮崎県宮崎市橘通西 3-4-1
風見鶏ビル２階
電　話　0985-27-3801
時　間　18：00～23：00
定休日　日曜日
最寄り　JR 日豊本線「宮崎」駅

「日南一本釣りカツオ炙り重」。カツオはそれぞれ４枚で、あらかじめ漬けにして出てくる。焼くのはほんの少し色が変わるくらいがオススメらしい。定食にはご飯、季節の野菜の煮物、厚焼きたまご、ミニみつ豆、地海苔の味噌汁がつく

座敷は広々。庭を眺めながら食べるので、つい長居してしまいそう

42 New Kyushu Trip
南部 | 宮崎市 | 郷土料理

多目的空間 ギャラリー こだま

Tamokuteki kukan gallery Kodama

飫肥の新名物「日南一本釣りカツオ炙り重」の美味

飫肥（おび）は、伊東氏5万1000石の城下町。苔むした石垣、大手門前の広い石段・堀跡・武家屋敷など昔をしのばせる町並みが残り、国の重要伝統的建造物群保存地区に指定されている。

飫肥の食といえば、「飫肥天」と「厚焼きたまご」が双璧をなしていた。前者は近海でとれた新鮮な魚のすり身に、豆腐や黒砂糖、味噌を混ぜ合わせて作る、ほんのり甘くてやさしい口当たりの庶民の味だ。後者は殿さまにも献上したという伝統の味。まるで四角いプリンのようで、甘く上品な味わい。このあたりの祝い事には欠かせないらしい。

そしてこの飫肥の新たな名物が、2010年、日南市が考案した「日南一本釣りカツオ炙り重」だ。日南市はカツオの水揚げ日本一。それをPRするとともに、食べ方やおいしさを知ってもらおうというものだ。市内の参加店はそれぞれ工夫を凝らした2種のタレで、薄切りのカツオの刺し身を出す。生で食べるもよし、炭火で炙って食べるもよし。最後は出汁をかけてお茶漬けにする。タレの味わいに、副菜もそれぞれの店で違うので、行くたびに違う店で食してもよし、ここぞと決めて通い続けるもよし。お代は一律1300円だから、お昼時に行列ができる人気店もあるのだそう。

私が選んだのは、「多目的空間ギャラリーこだま」。多目的空間として使われる中で、甘味カフェとしても利用されている。明治時代は薬種商だったという古い商家で、中に入ると広い土間があり、お座敷からは庭が見える。蔵もあって本当に飫肥らしい風情で気持ちが和む。

ここの炙り重は、地元の醤油ベースにニンニク、ショウガが入ったカツオ醤油ダレとゴマダレの2種。タレにつければご飯によく合うし、また炭火で軽く炙っても、風味が増しておいしい。ついつい箸が進むが最後の2切れは残して、お茶漬けにして食べてみて。ちなみに、他のおかずもおいしかった。添えられた厚焼きたまごで、ほんの少しだけ元祖飫肥名物まで味わえたのもうれしかった。炙り重を食べるために、また飫肥に行きたい。新名物に大満足だ。

住　所　宮崎県日南市飫肥 8-1-1
電　話　0987-25-0602
時　間　11:30～17:00
（なくなり次第終了）
定休日　火曜日（祝日の場合は営業）
最寄り　JR 日南線「飫肥」駅
H　P　http://www.gallery-kodama.jp/

43 New Kyushu Trip
南部 | 宮崎・東臼杵 | 豆腐

飯田とうふ店

Iida Tofuten

季節の色彩をちりばめた
山里の贈り物

住　所　宮崎県東臼杵郡椎葉村下福良 1754
電　話　0982-67-2105
時　間　8:00～18:00
定休日　日曜日
行き方　JR日豊本線「日向市」駅。
上椎葉行きのバスで約２時間、
「椎葉下区」バス停徒歩２分

飯田郁子さん。菜豆腐は生産量も限られているので電話確認のうえ来店を

椎葉のやさしさや強さまで味わいたい

宮崎県の山あい、熊本県と接するあたりに位置する椎葉村。平家落人にまつわる伝説が残り、誰もがイメージするような緑深い山村の風景と出合える場所。かつては四方を山に囲まれた秘境と呼ばれていたが、数年前に道路が整備されて、訪ねるにもとても便利になった。

この村に「菜豆腐」という名前の郷土料理がある。その名前が愛らしくて、ずっと食べてみたいと思っていた。お祭りや冠婚葬祭など、ハレの日に家庭で作られていた。おまじないや祈願に使われることもあったとか。今では、数軒の豆腐店がその伝統を守る。

念願だった菜豆腐は、予想以上に大きくて、ずっしりと重い、しっかりした豆腐だった。そして、ちりばめられた野菜が鮮やかで、それだけで立派な料理に見える。

耕作地が乏しく、タンパク源である大豆が貴重だった時代、少しでも大きな豆腐にするために、野菜などを入れてカサ増しをしてい

切って味噌で田楽風に、また、煮物にするのもいい

たのが始まりだとか。そんな生活の知恵が、ほかにはない逸品を生み出したのだ。大きくて、菜豆腐1丁は普通の豆腐の2丁分はある。にがりを少なめにして、水をしっかり絞って堅めに作るのは、日持ちを考えてのことだろう。野菜は季節によって変わり、葉野菜やニンジン、シソなど彩りゆたたか。地元で作られる「平家カブ」と呼ばれる野菜が、よく使われる。

今回の菜豆腐を作ってくれたのは、飯田郁子さん。よわい80を超えても、元気で笑顔がかわいい働き者だ。お願いしたのが夏場だったので、「春だったら菜の花の黄色いつぼみが入ったり、もっと色鮮やかだけどねぇ」とちょっと残念そう。そうか、菜豆腐の中には、折々の季節が封じ込められている。さらに、作り手ごとに、それぞれの個性もあるらしい。パプリカなど、最近の野菜を使う方も。ちょっとした遊び心やセンスを感じさせる。きっと楽しんで作っているんだろうなと嬉しくなった。

看板のおでんは、入店する客がまず注文する定番メニューだ

女将の吉谷さやかさんのあたたかな接客もうれしい

44 New Kyushu Trip
南部 | 鹿児島市 | 郷土料理

味の四季

Aji no Shiki

あたたかい雰囲気で味わえる、薩摩の家庭料理

この店を初めて訪ねたのはずいぶん昔のことだった。観光客だけでなく、地元の客も多く鹿児島弁が飛び交っていて、親しみやすさがうれしかった。久しぶりに訪ねると、代替わりされていた。驚いたが、鹿児島の料理がいろいろ並び、観光客も、地元客も変わらず料理を味わい、焼酎を飲む、その光景は昔のままだった。

「味の四季」が鹿児島一の繁華街・天文館で創業したのは1950年。当時は、おでんとおにぎりの店だったらしい。1985年頃からキビナゴやさつま揚げなど、「薩摩の家庭料理」も提供するようになった。この家庭料理というのがいい。味がやさしくて、食べ飽きないのだ。

看板はおでん。味噌おでんが多い鹿児島だが、「うちのは醤油ベースなんですよ」と女将の吉谷さやかさんが、おっとり教えてくれる。鹿児島のイントネーションが好ましい。さてここのおでんは、やさしい甘みがあって、それが焼酎によく合う。鍋の中には、常時30種ほどのタネがあり、豆モヤシ、豚なんこつ、さつま揚げなどは、鹿児島ならではの素材。キビナゴの刺し身、黒豚串、とんこつなど、薩摩のごちそうが揃っている。

味噌をかけた豆腐もこの店ならではの味わい

住所　鹿児島県鹿児島市千日町4-15
電話　099-224-6623
時間　17:30～L.O.22:00
定休日　火曜日、日曜日
（月曜が祝日の場合は日曜日営業）
最寄り　鹿児島市電「天文館通」駅

1. 店自慢の味噌おでん　2. 店内　3. 目と舌で味わいたいきびなごの刺身　4. 評判の自家製さつま揚げ　5. 鹿児島県人がこよなく愛する黒豚のとんこつ

45 New Kyushu Trip
南部｜鹿児島市｜郷土料理

吾愛人

Wakana

鹿児島料理と焼酎の名店、ここにあり

住　所　鹿児島県鹿児島市東千石町 9-14
電　話　099-222-5559
時　間　11:30～14:30（L.O.14:00）、17:15～23:30（L.O.22:30）
定休日　なし
最寄り　JR九州「鹿児島中央」駅
H　P　http://www.k-wakana.com/

鹿児島市内にいくつか支店がある「吾愛人（わかな）」の店名は、店と交流があった児童文学者・椋鳩十（むくはとじゅう）先生による命名で、西郷隆盛が好んで使い揮毫した言葉「敬天愛人」にちなんでいるそうだ。

鹿児島の料理や海の幸がメニューに豊富だったこと。キビナゴの刺し身がキラキラしてきれいだったことがこの店の第一印象だった。キビナゴはイワシ類で最も小さな魚で、刺し身のほか、塩焼きや天ぷらで骨ごと食べることができる。頭をとって手開きにしたものを菊の花にかたどって盛りつける。鹿児島では酢味噌で食べることが多く、だんぜん焼酎に合うのだ。

また鹿児島ならではの味噌おでんや黒豚のしゃぶしゃぶ、黒豚の三枚肉を焼いてから黒糖や麦味噌で、やわらかくなるまで炊き上げたとんこつなどもおすすめだ。いずれも焼酎に合う。こうして杯を重ねていると、すっかりいい気持ち。やっぱり鹿児島の料理は地焼酎に合うなあ、と実感させてくれる店である。

46 New Kyushu Trip
南部 ｜ 鹿児島市 ｜ バー

BARボワル

バー bowaru

鹿児島の夜を締めくくる、ゆるい心地よさ

住　所　鹿児島県鹿児島市千日町3-17
電　話　090-9493-9020
時　間　20:00～翌3:00
定休日　不定休
最寄り　鹿児島市電「天文館通」駅

鹿児島に泊まる日は、食事する店はいろいろだが、最後は「ボワル」と決めていた。ボワルはバーで、鹿児島では知る人ぞ知る存在らしい。この店の雰囲気は、店主の慎平さんそのままだといっていい。ゆったりして、押しつけがましくない。ゆるっとしている。バーといっても、飲むのは焼酎。ただし、今はやりの焼酎バーでもない。

このボワル、少し前までビルの3階にあった。しこたま飲んで、食べた体に、この階段はきつかった。それでも、立ち寄るのはやはり居心地いいからだ。カウンターに座るのはほとんど常連。ゆるゆると飲みながら、どうでもいい話題で、見ず知らずの方々と盛り上がる。そんな屋台のようなバーなのだ。

さて、ボワルにちょっとしたニュースがあった。移転したのだ。しかも1階に。移転後初めてボワルを訪ねた日、ラクすぎて笑ってしまった。店内は以前より広くなり、照明は変わらず控えめながら、内装のイメージが明るくなって、ちょっとメニューが増えていた。以前は、冬場のおでんぐらいで乾き物が多いイメージだったが、鹿児島の酒肴の定番「鳥刺し」やチーズや、イカの一夜干しがあった。でも、慎平さんのゆるっとした感じは相変わらず。

鹿児島の夜。最後にもう1杯というときに、とてもすてきなバーなのだ。

1

2

3

4

1. 鹿児島県人の酒肴の定番鳥刺しもボワル風　2. チーズもおすすめ　3. 自家製のイカの一夜干しは、焼酎もお湯割りに合う　4. 慎平さん相手に、ゆるっと過ぎていく鹿児島の夜

自然光が入るカフェのような店内

47 New Kyushu Trip
南部 | 鹿児島市 | お菓子

FUKU+RE《フクレ》

伝統と未来を結ぶ
ふくれスイーツの口福

2011年、鹿児島に新しいスイーツショップがオープンした。「FUKU+RE（フクレ）」だ。ちょっと不思議な店名は、鹿児島県に古くから伝わる郷土菓子「ふくれ菓子」に由来する。鹿児島では今も食べられている黒糖の蒸しパンのようなもので、素朴でやさしい味だけど、おしゃれな感じとはいいがたい。でも、鹿児島の人たちにとっては、おばあちゃんやお母さんを思い出す懐かしい味だ。

店のオーナー・新保美香さんは鹿児島で生まれ育ち、高校卒業後は地元を離れて大学進学。卒業後は渡仏し、料理雑誌の撮影のアシスタントをしていたが、その合間にフランス料理店の厨房で働いて料理の勉強もした。帰国後は食品メーカーの商品開発や外食企業のメニュー開発に携わる。こうした経験をもとに、ふるさとのおやつ・ふくれ菓子をハレの日のスイーツにしてみようと思いつく。地元に伝わる手法と素材を活かしながら、和でも洋でもない新しいスタイルの蒸し菓子に発展させた。特に、デコレーションは従来の素朴なテイストとはガラリと変えてみた。まず、東京でフクレをオープン。

住　所　鹿児島県鹿児島市名山町
2-1レトロフト千歳ビル2階
電　話　099-210-7447
時　間　10:00～19:00
定休日　月曜日
最寄り　鹿児島市電「朝日通」駅
H　P　http://www.fukure.com

人気のベジマフィン、桜島のサブレはお土産にも好評

順調に滑りだしたと思われたが、事情があって、故郷鹿児島に戻ることに。約18年も離れていた鹿児島で、フクレは再スタートを切った。

新保さんのフクレスイーツは、本場・鹿児島の人々の目にも新鮮に映った。古いビルをリノベーションした、カフェのようなショップ。これも従来のふくれ菓子とは異なるイメージだ。店頭に並ぶフクレスイーツは、一見するとロールケーキのような形で、デコレーションも個性的。店を訪れた客の表情を見ていると、説明を聞きながらも自分が知っているふくれ菓子と一致しなくて最初は不思議そうだ。まったく新しいスイーツを見るようにお菓子を選び始めるが、徐々に親しそうになっていく。聞けば、本来のふくれ菓子は日持ちがせず、なかなかお土産にできなかったが、フクレスイーツは賞味期限まである程度日にちが取られているし、おしゃれな感じだから、いろいろなシーンで使えそうなのだとか。

食べてみると味もふくれ菓子とはかなり違う。しっとりとした蒸し菓子の風合いはそのままだが、トカラ列島に自生する島バナナや桜島小みかん、スパイス、徳之島産のラム酒など、鹿児島ならではの食材も加え、複雑な味わいを醸し出している。シンプルでやさしい元祖ふくれ菓子に対し、モダンな存在感を感じさせる進化系スイーツだ。積極的に地元食材を取り入れながら、あらためて鹿児島の食材の豊かさにも気づかされたという新保さん。ワクワクするような見た目もスイーツの大事な要素だと、デコレーションには、いつも頭を悩ませ、苦労しているのだそうだ。

発想の転換で、郷土菓子に新しい可能性を生み出した。新保さんは、今、不定期に開催する販売会などのため、東京と鹿児島を行き来しながら、毎日が忙しい。そんな中でも、若いお母さんや子どもたちと一緒に、鹿児島の郷土菓子を作るワークショップなどができるといいな、と考えているそうだ。

マグレ鴨と桜島小みかんのカナール・ロランジュ

48 New Kyushu Trip
南部 | 鹿児島市 | フレンチ

ブラッスリー・ヴァンダンジュ

Tanakaya

ワインで、地焼酎で 鹿児島フレンチに酔う

ワインも焼酎も愛する、オーナーソムリエの大薗博隆さん

鹿児島の郷土料理はいい。なにより地焼酎によく合っている。でもひと通り食べると、ちょっと洋食系も食べたくなる。そんなわけで鹿児島のフレンチをいろいろ食べているうちに気づいたことがある。レベルが高いのだ。まわりに聞けば、鹿児島出身のフレンチシェフは大勢いるそう。パリで活躍している星つきレストランのシェフとか、フレンチの鉄人といわれているシェフとか、「アラン・シャペル」のグランシェフまで務めたシェフとか。鹿児島とフレンチの縁は意外と深そうだ。

「ブラッスリー・ヴァンダンジュ」のオーナーの大薗博隆さんは、日本ソムリエ協会南九州支部の支部長を務める。城山観光ホテルを経て、オーナーソムリエとして2000年に店を構えた。店の扉まで

住　所　鹿児島県鹿児島市東千石町2-38 福楽園ビル1階
電　話　099-226-2729
時　間　月～木曜日 17：00～翌0：00、金・土曜日、祝前日 17：00～翌2：00
定休日　日曜日
最寄り　鹿児島市電「天文館」駅
H　P　http://br-vendange.com

の細長いエントランスには、フランス国営ラジオが流れ、店内にはフランスで買い集めた雑貨や小物類、ポスターが飾られ、カジュアルな雰囲気が楽しい。

オーナーがソムリエなので、ワインの品揃えは信頼できるし、自然派ワインやリーズナブルなものも揃っている。そして、ワインによく合うフランスの地方料理などが味わえる。フォアグラや鴨など、海外から取り寄せる食材もあるが、魚や黒毛和牛、霧島熟成豚などは鹿児島産。また、野菜も極力地元のものを使う。ある日食べたカナール・ロランジェ（鴨のオレンジソース）は、マグレ鴨に鹿児島名産の桜島小みかんを使っていた。芳醇な鴨の肉質に小みかんのフレッシュな風味がよく合っていた。ここでしか食べられないフレンチだ。

エスカルゴの殻焼、ブルゴーニュ風

大薗さんはワインの専門家でありながら、鹿児島大学の「かごしまルネッサンスアカデミー　焼酎マイスター」1期生でもある。ヴァンダンジュのカウンターの奥には、大薗さんが気に入った焼酎が何本も並ぶ。ただし大薗さんの手にかかると、いろいろな味わい方の提案が楽しいのだ。フランス料理の食中酒には、やはりワインが合う。でもデザートに焼酎をアレンジしたり、食後酒として、リキュールグラスにストレートを一杯。マール（ワインの搾りかすで造ったブランデー）のように、口の中で転がしながら飲むと、焼酎の新しい味わい方が楽しめる。フレンチでも、鹿児島の地焼酎の味わいがさらに深まることを教えられた。これはワインと焼酎を愛し、フレンチに詳しい大薗さんのなせるワザ。まだまだ奥深い鹿児島フレンチの味わいを教えてくれそうな名店なのだ。

店内は、パリっ子たちに親しまれるビストロのよう

前菜盛り合わせ

49　New Kyushu Trip

南部　|　鹿児島市　|　イタリアン

カンティネッタ・ヴルカーノ

Cantinetta Vulcano

大人のイタリアンと愉悦のひと時

　天文館のメインストリートから少し外れた脇道には、食いしん坊が心ひかれそうな気になる店が並んでいる。いつも行くお目当てのイタリアンも、その中の一店だ。予約を入れた日は少し時間があったので、その界隈を歩いてみたが、驚いたのは、「イタリアン」を名乗る店の多さだった。最初は数えていたけど、途中でやめた。鹿児島の人はイタリアンが好きらしい。

　七味小路と呼ばれる通りにあるイタリアン「カンティネッタ・ヴルカーノ」は、創業20年を超える人気店で、初めてここのカウンターに座って食事したとき、隣に座ったおひとりさまの常連の女性に、「ね、おいしいでしょ」と、念を押されたのが忘れられない。愛されている店なのだと確信した。

　この店のオーナーは、ソムリエの渡瀬信也さんと、シェフの渡瀬恵子さんご夫婦だ。「カンティネッタ」というのは、イタリアで「食事のできるワインの店」を表す。まさにこの店そのもの。普段サー

ワインのラベルや蔵書の数々も会話のスパイスになる

キッチンの恵子さん

「インカのめざめのニョッキ、毛ガニのソースバジル風味」

開店準備をする信也さん

ビスしてくれるのは信也さん。恵子さんはコックコートを着ないで、いつもカジュアルな服装にエプロンで料理する。厨房の仕事がひと段落したら、表に出て客と言葉を交わす。なんだか渡瀬家にお招きされたような、そんな親しみやすさがとてもいいと思う。

恵子さんが作るものは、なんでもおいしい。正統派であり、キャリアがある人だけができる機知に富んだアレンジもすばらしい。たとえば前菜の一品のバゲットは、リコッタチーズにコラトゥーラというイタリアの魚醤で味をつけ、ウニを載せたもの。確かメニューでは違うものだったような。と思っていたら、「こっちの方がいいかなって思いついて」と恵子さん。見た目のインパクトに、調和のとれた味わいがすばらしかった。常連さんになるとメニューにないものやアレンジをおねだりすることもあるらしい。

ソムリエである信也さんの接客も店の大きな魅力だ。つい先日おじゃましたときも、カウンターの横に座った方たちを紹介していただき、すっかり仲良しになった。そういえばここのカウンターでは、自然とみんなで話し始める。イタリア・ピエモンテの伝説のグラッパ（イタリアのブランデー）名人のおじいちゃんの話など、こちらが興味を持ちそうな話を聞かせてくれる。話が弾んで、お酒が進んで、つい長居してしまうカウンターなのだ。

料理がおいしいのは当たり前。それ以上があるから、また行きたくなるのだと気づく。親子2代で通うような、根強いファンがたくさんいるのもうなずける。

住　所　鹿児島県鹿児島市東千石町
5-27 第3徳永ビル1階
電　話　099-227-4543
時　間　18:30～23:00
定休日　月曜日
最寄り　鹿児島市電「天文館通」駅
H　P　https://www.facebook.com/vulcano1994bruno2008

50 New Kyushu Trip
南部 | 鹿児島・霧島 | 宿・温泉

忘れの里 雅叙苑／天空の森

Wasurenosato Gajoen / Tenkunomori

心癒やす極上のふるさとの風景 いつか、のための憧れの旅先に

天降川渓谷沿いの山あいに抱かれるように広がる「忘れの里 雅叙苑」。かやぶき屋根の家屋が点在し、軒先には野菜が干されている。煮炊きする煙が上がり、山水の中で冷やされている野菜や果物。鶏が鳴く声がどこからともなく聞こえてくる。車を降りて、細い道をしばらく歩くと、そこには、昔ながらの田舎の風景が広がっていた。この風景の中で、心がほどけていく。多くの旅人の心をとらえて、離さない人気の日本温泉宿だ。

北九州工業地帯で、しかも高度経済成長の只中に生まれ育った私にとって、汚れた空気や林立した煙突から立ち上る煙が現実のふるさとの風景だった。しかし、忘れの里 雅叙苑を訪ねたとき、「ああ、ふるさとの風景だ」としみじみ思った。懐かしかった。誰もが愛する、田舎の風景。それは自分の現実に関係なく、心に抱く原風景があるということなのだろうか。それを提供してくれることこそ、この宿の最大の魅力なのだと思う。

この宿がオープンするまでには、いろいろなドラマがあったと聞く。オーナー田島健夫氏は、妙見温泉の湯治宿の次男として生まれた。いったんは外に勤めに出るが、世の中が新婚旅行ブームに沸いた頃、湯治宿の別館があった土地に2階建て木造の宿を建てた。同時期に、生家の湯治宿も引き継いだ。しかし宿の経営は思うにまかせなかった。一時期は、工事関係者を相手にした格安旅館となった。しかし、それがいろいろなことを考えるきっかけでもあった。そのとき中途半端に宿が繁盛していたら現在の雅叙苑はなく、その後もまったく違ったことになっていたのではないだろうか。

田島氏は、自分が考える理想の旅館を実現するため、周辺で朽ち果てようとしていたかやぶきの古民家を移築。都会にはない、田舎の風景を再現していった。それは周辺の温泉旅館とは一線を画す取り組みだった。カタチだけの田舎を模倣するのでなく、敷地内で畑を耕し、宿で使う野菜を栽培、鶏も飼った。干物も自分たちでこしらえ、漬物も漬けた。薄っぺらではない、田舎の風景や暮らしが人々の心に響いたのだ。地元新聞の取材をきっかけに、全国誌や旅行雑誌に取り上げられ、その人気は不動のものとなる。

露天風呂つきの客室、さらに、離れのベランダに造られた川の流れを眺める露天風呂、野菜たっぷりの朝食など、今は人気宿のスタンダードとなっていることを、早くから手がけ、ブームの先駆けともなっていった。その後、ベランダの露天風呂はお風呂リビングという考え方に発展し、一棟ずつ増やしていったかやぶき古民家は、客室が10室になり、雅叙苑は完成した。

忘れの里 雅叙苑
住　所　鹿児島県霧島市牧園町宿窪田 4230
電　話　0995-77-2114
宿　泊　1泊2食 26,070円～
行き方　JR日豊本線「隼人」駅から
　　　　車で約20分
H　P　gajoen.jp

天空の森
住　所　鹿児島県霧島市牧園町宿窪田 3389
電　話　0995-76-0777
行き方　JR日豊本線「隼人」駅より
　　　　車で約30分
H　P　tenkunomori.net

森の向こうに霧島連山を一望する大パノラマの露天風呂

緑に囲まれたベッドルーム

野菜たっぷりの天空の森の朝食。この野菜は敷地内の自家菜園で栽培された無農薬野菜だ

次に、田島氏が手がけたのは、それまで誰もやったことのないような壮大な計画だった。雅叙苑の畑があった山を切り開き、大自然の中に、露天風呂つきのヴィラと呼ばれる部屋、後の「天空の森」の原型をつくった。私が最初に見せていただいたときは、宿泊施設ではなく、雅叙苑の客の野遊び（２００４年当時は、そういう表現を使っていた）の場所と聞いた。とにかく広い、見渡す限り３６０度広がる、霧島連峰の風景。テラスに造られた露天風呂で、その山々を見ながら湯に浸かっていると、自分も自然の一部になったような錯覚すら覚える。今まで経験したことのない贅沢な空間で、なんと表現していいのかわからなかった。

ほどなく天空の森が宿泊施設としてスタートしたというのはなにかで知った。かなり高価な宿泊料や素朴ながら手仕事の生きる仕様から、はるか遠い存在のような気がしたが、日本全国はもとより、世界中のＶＩＰがひいきにする特別クラスの宿として人気を誇っている。空港から車で15分という地の利も幸いした。そしてＪＲ九州の「ななつ星ｉｎ九州」で巡るツアーの宿泊先に決まったことも。

敷地面積は18万坪（なんと東京ドーム13個分！）、部屋数はたった5部屋だけ（宿泊棟3、日帰り棟2）。隣の客室の気配が感じられないどころか、見ることもできない。はるか遠くまで山里の風景だけが広がっている。だから大自然の中の露天風呂もためらいなく入れる。

見渡す限りの自然の中で過ごすぜいたく

雅叙苑、天空の森とも、大自然の中の１日を満喫できる

天空の森は、宿泊以外にもコンサートなどイベントが開催され、ウエディングパーティの会場にも使うことができる。また、いろいろな事情で海外に行くのが困難なとき、身近な非日常空間としても利用されているようだ。なにかの機会に、そう思うとちょっと可能な夢なのかもしれない。世界のセレブに愛されるヒミツの場所、九州にそんな憧れ旅先があることを知ってもらいたい。

51 New Kyushu Trip
南部 | 鹿児島・離島 | 観光

種子島宇宙センター

Tanegashima Space Center

日本で一番宇宙に近い島

碧海に囲まれた「世界一美しいロケット発射場」。この眺めに宇宙ファンは大感激する

種子島は鹿児島県大隅諸島の中の島の一つ。標高は最高点でも282メートルしかなく、遠くから眺めると平たい島である。隣の屋久島は最高点1936メートルの起伏に富んだ島だから、環境も含め好対照をなしている（それなのに、天気予報では種子・屋久地方とくくられるから不思議）。温暖な気候を活かした農業で知られていた（安納イモ、種子島ムラサキなどはその代表）が、今、種子島といえば「ロケットの島」だろう。

2014年末、小惑星探査機「はやぶさ2」などを載せた国産の主力ロケット「H2A」26号機の打ち上げで、日本中の注目は種子島

宇宙好きにはたまらないユニーク商品が満載で、お土産探しには最適！

小さな島の中で感じる大きな宇宙

に集まった。それほど宇宙に興味のない人も、気になるはやぶさ2の宇宙への旅。「初代はやぶさ」が奇跡の帰還を果たして多くの人々の感動を呼び、はやぶさ2はその後継機として、世界的な注目を集める存在だった。その旅立ちの舞台、発射場があるのが「種子島宇宙センター」だ。

1969年、旧宇宙開発事業団の発足とともに設立された種子島宇宙センターは、総面積約970万平方メートルにもおよぶ日本最大のロケット発射場だ。種子島東南端の海岸線に面しており「世界一美しいロケット発射場」といわれている。世界的に見ると、広大な原野に発射台などの施設を点在させることが多いが、ここでは緑の山の中に施設が点在し、発射台はサンゴ礁に囲まれた岬の突端近くに設置されている。その眺めの美しさからこう呼ばれるようになったのだ。

センターでは、ロケットの組み立てから打ち上げまで、そして衛

種子島宇宙センター

星の最終チェックからロケットへの搭載までを行っている。日本のロケットや人工衛星の打ち上げ全般を担っているのだ。

玄関前にそびえるN・Iロケット（高さ32・57メートル）の実物大模型が目印の、「宇宙科学技術館」は、センターを訪れる人のための入場無料の展示施設だ。国際宇宙ステーションにドッキングした日本の実験棟JEM「きぼう」の実物大模型もあり、宇宙開発の歴史や未来像、ロケットや衛星などについて学べるようになっている。

じつはMカメラマン、数年前にアメリカのケネディ宇宙センターの撮影をしてきた。NASA（アメリカ宇宙局）の有人宇宙船発射場および打ち上げ管制施設で、ここは大人気マンガを原作にした『宇宙兄弟』の映画ロケ地としても知られる。そこでMカメラマンは、施設の迫力や絶えず行われている宇宙センターとの交信に、たいそう驚いたという。「地球上には、常に宇宙とつながっている場所がある！」。昔々、テレビで見たアポロの月着陸の感動やスペースシャトルにワクワクした高揚感を思い出したとも。その感激が薄れぬうちに、この種子島宇宙センターの撮影があって、また同じように心が躍った。ケネディほどスケールは大きくないが、世界一美しいといわれる発射場があった。「日本だって、宇宙とつながっている場所があるんだぞーって、胸を張りたくなった」と誇らしそうに語り、こうも言う。「写真や映像では感じられない、実物の迫力、スケールを一度は体験してほしい」

住　所　鹿児島県熊毛郡南種子町茎永字麻津
電　話　0997-26-9244
時　間　9：30～17：00
（7・8月は17：30まで）
休館日　毎週月曜日（月曜日が祝日の場合は火曜日）、8月は原則無休。12月29日～1月1日
※ロケットの打ち上げ日は入館不可
行き方　種子島空港から車で約40分
ＨＰ　http://fanfun.jaxa.jp/visit/tanegashima/

おふくろの味が人気の「かれい川弁当」。切符購入時に予約が必要

Rail Road column 3

鹿児島から *D&S 列車に乗る

古代薩摩の屈強な隼人族をイメージしてデザインされたそうで、いかにもサムライな印象でシブくかっこいい。海に浮かぶ桜島や緑深い霧島まで、季節や時刻やらで車窓の風景がまた変わってくる

「はやとの風」に乗って緑の霧島へ！

ゴールドエンブレムが映える漆黒のボディの重厚感のある外観に対し、車内は木の素材がふんだんに使われた、ぬくもりあるやさしい空間。シートは白木をベースに、オレンジ色のファブリックを合わせ、座り心地がいい。車両の中央に設けられた展望スペースも魅力。ビューポイントの鹿児島—重富の間には、錦江湾の向こうに桜島も見える。途中の沿線には、明治時代に開業の嘉例川駅、大隅横川駅という肥薩線最古の駅があり、それぞれの駅では5分ほどの停車時間もあるので、列車を降りてレトロな雰囲気を楽しむことができる。吉松駅からは折り返して鹿児島中央駅に戻るもよし、人吉方面へ下るもよし。時間次第で、いろんな旅のコースがアレンジできるのが魅力だ。

「はやとの風」おすすめコース

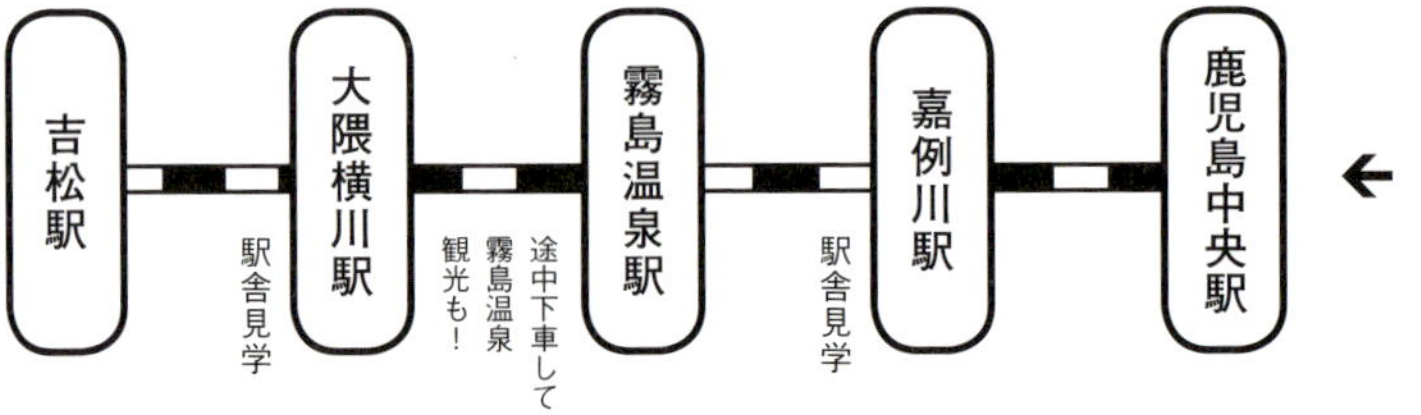

鹿児島中央駅〜吉松駅／１日２往復。事前予約して

霧島温泉駅で下車して霧島神宮にお参りしたり、雅叙苑（P.138）に立ち寄っても

吉松駅から「いさぶろう号」に乗り換え、人吉へ向かっても

1.「白黒のたまて箱」をイメージした車体デザインはなんとも新鮮！ 2.南九州の杉板を使った車両。本棚のあるソファコーナーもあり 3.指宿市内にある山川温泉の天然砂むし温泉は眺望もよろし

「指宿のたまて箱」に乗って海の指宿へ！

白黒に塗り分けられた大胆ボディ。デザインテーマは薩摩半島に伝わる浦島太郎伝説らしく（浦島太郎って九州南方系だったの？ と軽く驚きつつ）、乗車時には煙に見立てたミストが噴き出す演出など、なにかと仕かけが楽しい観光列車だ。2人がけのリクライニング席には、海に面した回転椅子や、ソファーコーナーなど、座席のタイプもいろいろ。錦江湾沿いを走るので、晴れていれば、美しい海の風景や桜島の勇姿も眺めることができる。また、海とは反対側に薩摩富士と呼ばれる開聞岳も見える。終点の指宿駅は、砂むしで知られる温泉郷。あったかい砂の中で温まる砂むしはナチュラルエステ。デットクス効果が高いようですから、ぜひ美肌時間を！

「指宿のたまて箱」おすすめコース

鹿児島中央駅 → 喜入駅 → 指宿駅

車内販売の「いぶたまプリン」

- 鹿児島中央駅〜指宿駅／1日3往復。事前予約して
- 指宿駅で下車したら、天然の砂むし温泉でリラックス
- 復路も「指宿のたまて箱」で鹿児島中央駅に戻り、鹿児島市街の美味処へ (P.128 〜 137)

*D & S 列車……JR 九州が運行する観光列車の略で、D はデザイン、S はストーリーの略。つまり物語のあるカッコイイ列車だ。
※列車のルートなど詳細は JR 九州 HP にてご確認を。www.jrkyushu.co.jp/

おわりに —— 九州旅やみつき宣言！

九州には住んでいる人しか知らないこともあれば、
九州人も知らないようなことがたくさんあります。
通うたびに新しい発見がある九州へ、旅は続くよ、何度でも！

松隈直樹（写真担当）
九州を何度も何度も旅して思うことは、各県どこも個性的なところが魅力。
しかもみんな自分の土地が大好きで誇りを持ってる。
それがその土地の味に出てるんじゃないかなぁ。
九州の人たちは総じて人当たりが良く、ときにはおせっかいなぐらい親切でやさしい。
以前、宮崎の田舎で畑仕事してる人に道をたずねると、
仕事を止めて一緒に連れて行ってくれたりしたことも（笑）。
まだまだ知らない土地や料理がたくさんあって、心があったまる出会いがある。
だから九州の旅はやめられない！

牛島千絵美（文担当）
まだ私が会社勤めをしていた頃、東京の本社から転勤してきた上司数名は、
栄転が決まっても九州に残りたいと駄々をこね、
それが叶わないと辞職してまで居残ってしまいました。
私はずっと九州に住んでいたけれど、
この頃から、いいところなんだなと思いはじめました。
九州の人はおおらかですが、恵まれた食環境だからこそ、
じつは味に厳しくかつ価格にもうるさいですよ。
だから食べさせる側も食べる側も鍛えられるんじゃないかなと思います。

垂見おじぃ健吾（写真担当）

近年、おじぃのライフワークの〝島歩き〟は、
沖縄の島々から九州へとフィールドがぐんと広がってる。
九州の人たちは、いついつ遊びにいくからと連絡すると、
気持ちの芯から喜んでくれて
それが肌で感じるから、うれしくって通ってしまうんだ。
最近、黒田征太郎さんが北九州を拠点にしていたり、
旅の眼のいい人たちが、九州へ移っていて、それも楽しい驚きやっさ〜。
好きな人たちに逢いに九州へ通う。そんな愉快な〝終活旅〟を続けて、
おじぃはどんどん元気になっちゃってるわけさぁ。

おおいしれいこ（文・編集担当）

九州っていいねー。お気に入りの九州を案内したときの、
そんな感嘆の声を聴くのがひそかな愉しみでした。
ここでご紹介している宿、料理店、バー、ギャラリーも、そしてそこで働く人たちも、
土地の文化そのもので、学びの場だとずっと思ってきました。
だからこの本を読んでくださる方に届けたかったのは、
情報だけでなく、そこにひそんでいる物語です。
ただページに限りあり、今回は涙をのんだ店もあり、
また大分の磨崖仏や高千穂の聖地、阿蘇・久住や屋久島の大自然の紹介も
編集しきれず、次なる一冊へ持ち越しとしました。

最後になりましたが、今回取材を受けてくださったお店や関係者の方々にお礼を。
長年のつながりをもって、ふだんは受けないような取材内容でも
快諾をしてくださったお店もあり、深く感謝です。

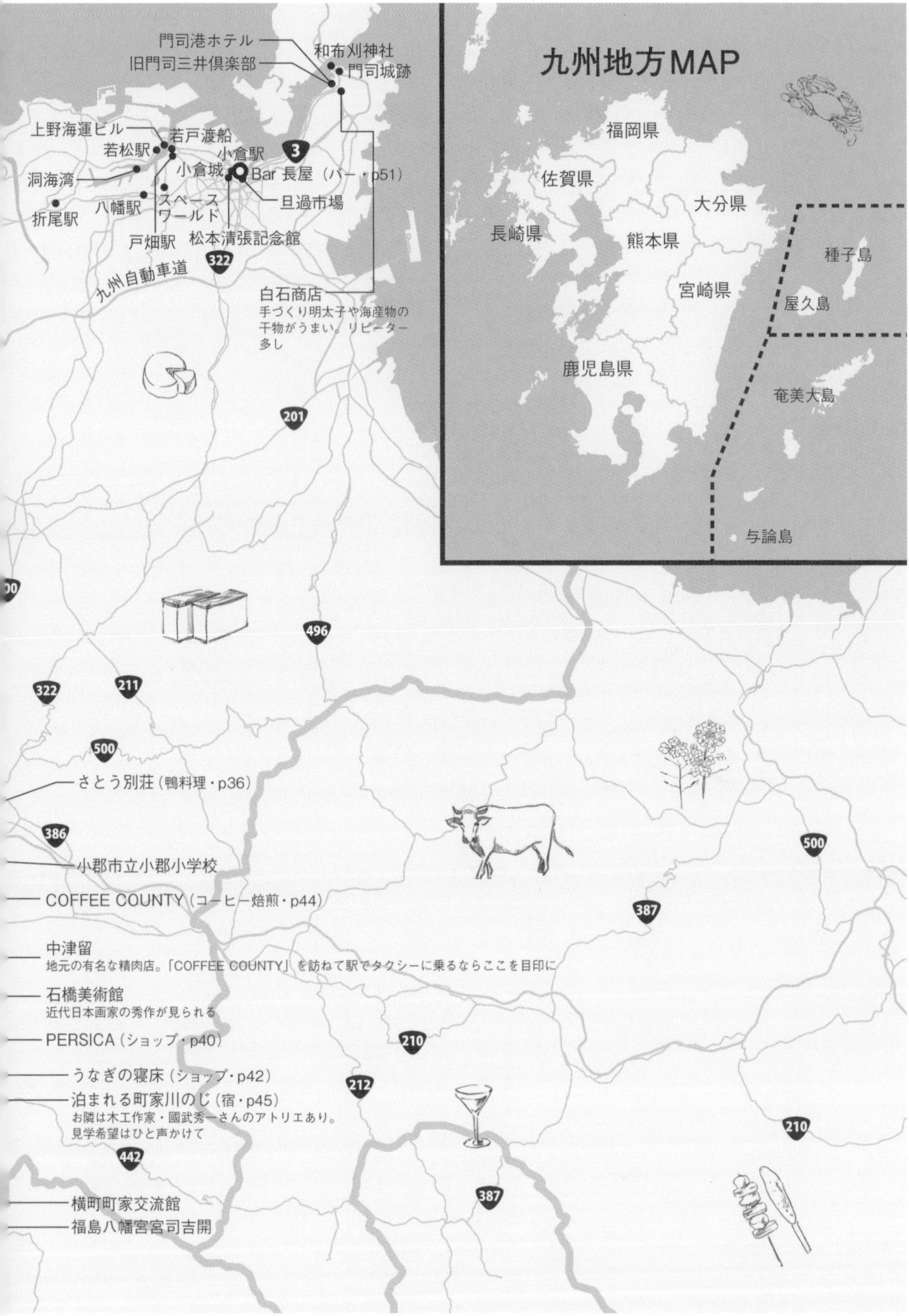
九州地方MAP
福岡県
佐賀県
長崎県
熊本県
大分県
宮崎県
鹿児島県
種子島
屋久島
奄美大島
与論島
門司港ホテル
旧門司三井倶楽部
和布刈神社
門司城跡
上野海運ビル
若戸渡船
若松駅
小倉駅
小倉城
Bar 長屋（バー・p51）
洞海湾
八幡駅
スペースワールド
旦過市場
折尾駅
戸畑駅
松本清張記念館
九州自動車道
白石商店
手づくり明太子や海産物の干物がうまい。リピーター多し
3
322
201
496
322
211
500
さとう別荘（鴨料理・p36）
386
小郡市立小郡小学校
COFFEE COUNTY（コーヒー焙煎・p44）
500
387
中津留
地元の有名な精肉店。「COFFEE COUNTY」を訪ねて駅でタクシーに乗るならここを目印に
石橋美術館
近代日本画家の秀作が見られる
PERSICA（ショップ・p40）
210
うなぎの寝床（ショップ・p42）
212
泊まれる町家川のじ（宿・p45）
お隣は木工作家・國武秀一さんのアトリエあり。見学希望はひと声かけて
210
442
387
横町町家交流館
福島八幡宮宮司吉開

北部エリア ❶
FUKUOKA MAP
495
3
20
福岡空港
202
福岡市街地MAP
花山（屋台・p22）
筥崎宮の参道そば。ここは屋台でも特別ルールで日曜は昼から営業
3
筥崎宮
福岡城跡
珈琲タイムの後は城跡から大濠公園をぐるりと散歩。はたまた「けやき通り」を歩いて天神方向へ
Cro-magnon
かっこいい大人が集うワインバー。「橙」の後に一杯どうぞ
アニオン（フレンチ・p18）
近くの水鏡天満宮の飲食店街も賑わっているが、そちらと道を間違わないように
607
3
322
橙（水炊き・p16）
屋台バーえびちゃん（屋台・p12）
公園の道沿いに屋台が並んでいる中にある
久留米駅
うま馬 冷泉店
ラーメン・餃子・焼き鳥など博多の大衆グルメが気楽に楽しめる店。子連れの友人たちを案内しても喜ばれる
福岡 ヤフオク！ドーム
小料理 悦
（小料理・p24）
馬上荘（餃子・p21）
博多駅
ラ・トルチェ
福岡空港
circa（パン・p28）
大通りから美野島商店街に入って最初の道を左に入りすぐ右
珈琲美美（喫茶・p30）
112
602
Bar 是空
女性ひとりでもくつろげるバー。カクテルの種類も豊富
かわ屋警固店（焼鳥・p20）
市内のタクシーなら「警固本通り、スーパーサニー前」で伝わる
ホテルクレガ天神
モダン空間の宿で、大人が心地よく過ごせる。中心街にあってアクセスよし
202
557
263
Le Puits（ガレット・p32）
2軒隣の「ボンジュール食堂」でランチ、こっちでデザートと、ハシゴする手も
555

壱岐島
猿岩
382
平山旅館
（宿・温泉・p80）
郷ノ浦港
肉のうめしま
松坂牛や神戸牛の元牛の「壱岐牛」は
ひそかなブランド。お肉屋さんが営む
店で、ステーキに悶絶
筒城浜海水浴場
壱岐空港
壱岐市一支国博物館
故・黒川紀章氏の遺作と
なった建物は必見
原の辻一支国王都復元公園
印通寺港フェリーターミナル
唐津曳山展示
祭りシーズン外に唐津くんちの曳山が
見られる。想像以上にかっこいい
川島豆腐店
元祖ざる豆腐の店で朝食がすごくおすすめ。
隆太窯の器でいただける
鮨処つく田（寿司・p56）
204
202
唐津港
唐津城
隆太窯
現在の唐津焼の顔、中里隆さん
太亀さん親子が率いる陶房
東の浜海水浴場
虹の松原
洋々閣（宿・p58）
263
385
Monohanako（陶芸・p62）
まわりに人家のない山中にあり。
見学の予約時にアクセス確認を
202
長崎自動車道
204
383
風の森
「蟹御殿」の姉妹宿で、
“大人２人”がコンセプト
やきもの公園
白山陶器
西九州自動車道
富久千代酒造
最近は海外でも好評価の銘柄「鍋島」、
日本酒好きはお立寄りを
花わくすい
築80年木造空間がすてき。
器やインテリア雑貨好きに
おすすめ。カフェも隣接
肥前浜宿水とまちなみの会
古い蔵めぐりができる街並を
ぶらぶら散策
嬉野温泉観光協会
観光案内所
205
444
207
祐徳稲荷神社
日本三大稲荷のひとつ。
朱色がきれい
202
蟹御殿（宿・温泉・p52）
206
長崎空港
お土産に人気なのは長崎空港限定スイーツ
「手作りキャラメル じゃがメル」。
品薄なことが多い
251
389
202
251
庄屋元前の
湧き水
雲仙観光ホテル
（宿・温泉・p76）
小浜温泉
小浜マリンパーク
刈水庵（ライフスタイルショップ・p74）
入口は車が入れない細い路地。「庄屋元前の湧き水」を目印にして
雲仙地獄
雲仙といえば「地獄めぐり」。
硫黄臭と湯煙の中を散策し、
大地の息吹きを感じて
499

カステラぶらぶら（カステラ・p64）
諏訪神社
地元では「おすわさん」と親しまれている。見晴しもよし
長崎駅
202
ブレッド・アー・エスプレッソ
（パン、エスプレッソ・p68）
松翁軒本店
カステラの老舗。レンガ造りの本店2階の喫茶は長崎情緒あり
34
一二三亭
（郷土料理・p72）
112
亀山社中記念館
坂本龍馬が設立した日本初の貿易商社。当時の生活を感じられる
興福寺
庭が美しい
からすみ茶屋なつくら
（定食・p70）
眼鏡橋
岩永梅寿軒
文明堂総本店
萬順製菓
よりより、月餅など手づくりの中華菓子をおみやげに
ニューヨーク堂
菊　文字
「なつくら」の店主・坂本さんもここの包丁を愛用
長崎新地中華街
499
福砂屋 長崎本店
長崎県立美術館
隈研吾氏が手がけたモダン建築。話題性の高い企画展の他、常設展示もいい。カフェも◎
324
オランダ坂
史跡料亭花月
江戸時代の花街の趣が遺る佇まいは必見。お昼膳ならわりと気軽
万月堂
長崎市街地MAP
上五島の教会群（教会・p84）
カトリック江袋教会
マルゲリータ
教会巡りの基地に、おしゃれなリゾートホテル。温泉浴も楽しめる
カトリック青砂ヶ浦教会
上五島空港
頭ケ島教会
矢堅目の駅
（矢堅目の塩本舗）
海水塩づくりの工房。見学もおもしろい
五島うどんの里
（五島手延うどん共同組合）
細麺でツルツル喉ごし抜群。教会巡り途中にランチでも
若松港ターミナル
カトリック中ノ浦教会
キリシタン洞窟
五島列島
北部エリア ②
SAGA, NAGASAKI MAP

10
500
湯布院の Bar でひと時
(バー・p112)
亀の井別荘／ Bar 山猫
387
由布院玉の湯／ Nicol's Bar
バー・ステア
大分自動車道
11
おやど 二本の葦束
／ Bar Barolo
52
210
東九州自動車道
387
442
212
57
57
388
326
10
325
免の石（観光・p116）
ここへ行くには私有地を通らなければならないため、事前予約後「みなみあそ村観光協会」へ訪ねる
503
218
265
327
388
中部エリア
265
388
327
OITA, KUMAMOTO MAP
446
上村うなぎ
人吉の街中にある老舗。うなぎの焼き加減、秘伝の甘辛いタレは絶品！
Kura _ 倉 cafe（喫茶・p119）
人吉城趾
春は桜、秋は紅葉の名所。観光地化されてない感じもいい
219
265
10

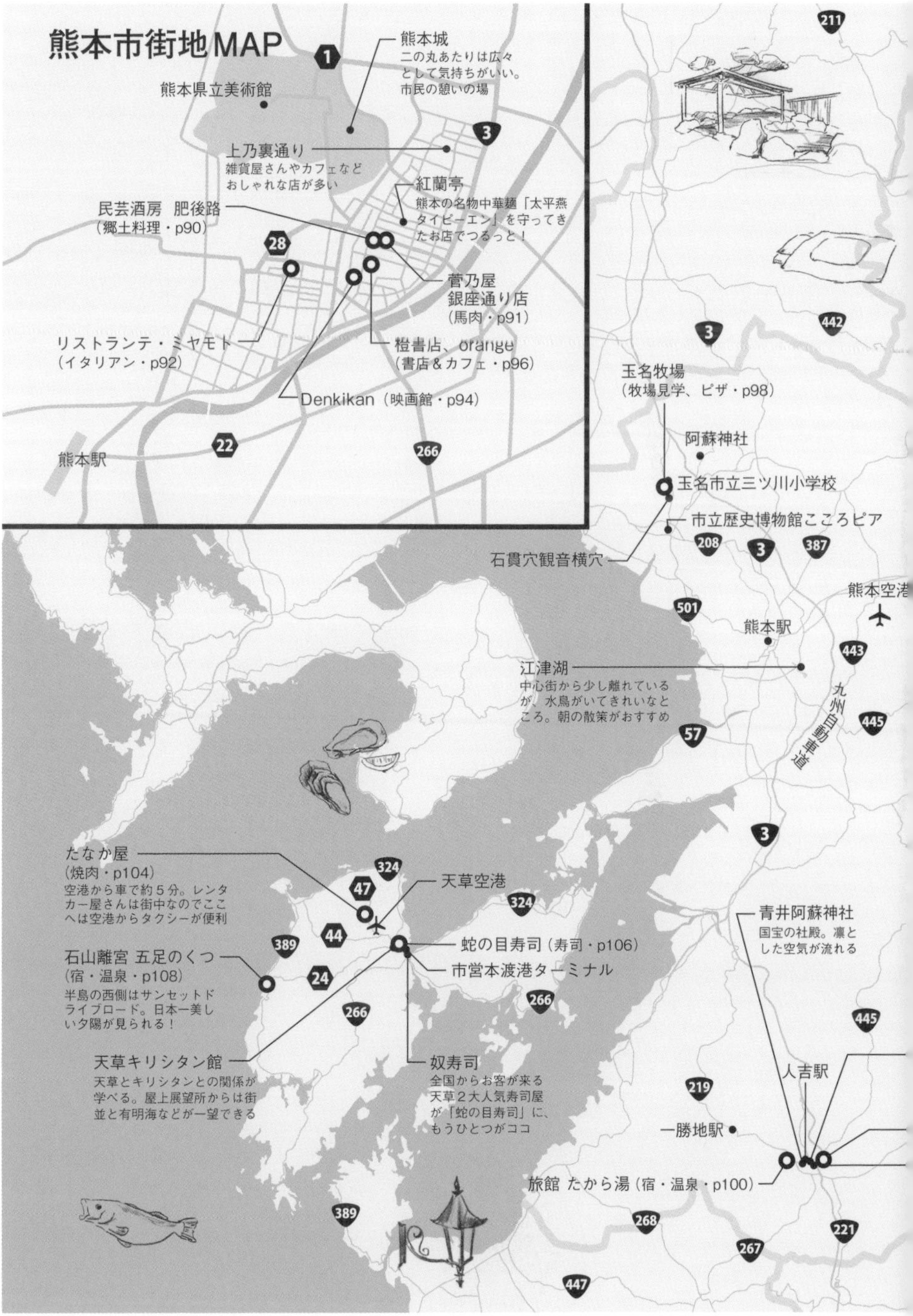
熊本市街地MAP
熊本城
二の丸あたりは広々
として気持ちがいい。
市民の憩いの場
熊本県立美術館
上乃裏通り
雑貨屋さんやカフェなど
おしゃれな店が多い
紅蘭亭
熊本の名物中華麺「太平燕
タイピーエン」を守ってき
たお店でつるっと！
民芸酒房 肥後路
（郷土料理・p90）
菅乃屋
銀座通り店
（馬肉・p91）
リストランテ・ミヤモト
（イタリアン・p92）
橙書店、orange
（書店＆カフェ・p96）
Denkikan（映画館・p94）
熊本駅
1
3
28
22
266
211
442
3
玉名牧場
（牧場見学、ピザ・p98）
阿蘇神社
玉名市立三ツ川小学校
市立歴史博物館こころピア
208
3
387
石貫穴観音横穴
熊本空港
501
熊本駅
443
江津湖
中心街から少し離れている
が、水鳥がいてきれいなと
ころ。朝の散策がおすすめ
九州自動車道
445
57
3
たなか屋
（焼肉・p104）
空港から車で約５分。レンタ
カー屋さんは街中なのでここ
へは空港からタクシーが便利
324
47
天草空港
324
44
蛇の目寿司（寿司・p106）
市営本渡港ターミナル
389
石山離宮 五足のくつ
（宿・温泉・p108）
半島の西側はサンセットド
ライブロード。日本一美し
い夕陽が見られる！
24
266
266
青井阿蘇神社
国宝の社殿。凛と
した空気が流れる
445
天草キリシタン館
天草とキリシタンとの関係が
学べる。屋上展望所からは街
並と有明海などが一望できる
奴寿司
全国からお客が来る
天草２大人気寿司屋
が「蛇の目寿司」に、
もうひとつがココ
219
人吉駅
一勝地駅
旅館 たから湯（宿・温泉・p100）
389
268
267
221
447

326
10
325
503
10
飯田とうふ店
（豆腐・p126）
388
椎葉村役場
327
388
鶴富屋敷
秘境の椎葉村の中心にある国指定重要文化財の古民家。宿泊できる
高速船ロケット
西之表窓口
種子島酒造
75
58
76
コスモリゾート
ゴルフをしない人でも、ひとり旅でも泊まりやすい宿
種子島空港
寿司処 八千代
種子島の旬の魚介を食べられる店。心配りされた料理
219
宮崎シーガイア
コテージ・ヒムカ
上妻酒造
本格芋焼酎「宇宙兄弟」なんて銘柄あり！
75
種子島宇宙センター
（観光・p142）
炭火串焼 とらや
（焼鳥・p122）
宮崎空港
10
269
種子島・屋久島
戸隠そば本店
飲んだ後の〆はここの釜揚げうどん！
220
22
多目的空間ギャラリー　こだま（カツオ・p124）
おび天茶屋
小京都の街並みを散策して小腹が減ったら、名物・おび天（魚すり身の天ぷら）。お土産にしても
南部エリア
448
MIYAZAKI,
KAGOSHIMA MAP
おびの茶屋厚焼卵
プリンのような独特の甘〜い卵焼き。お味見を

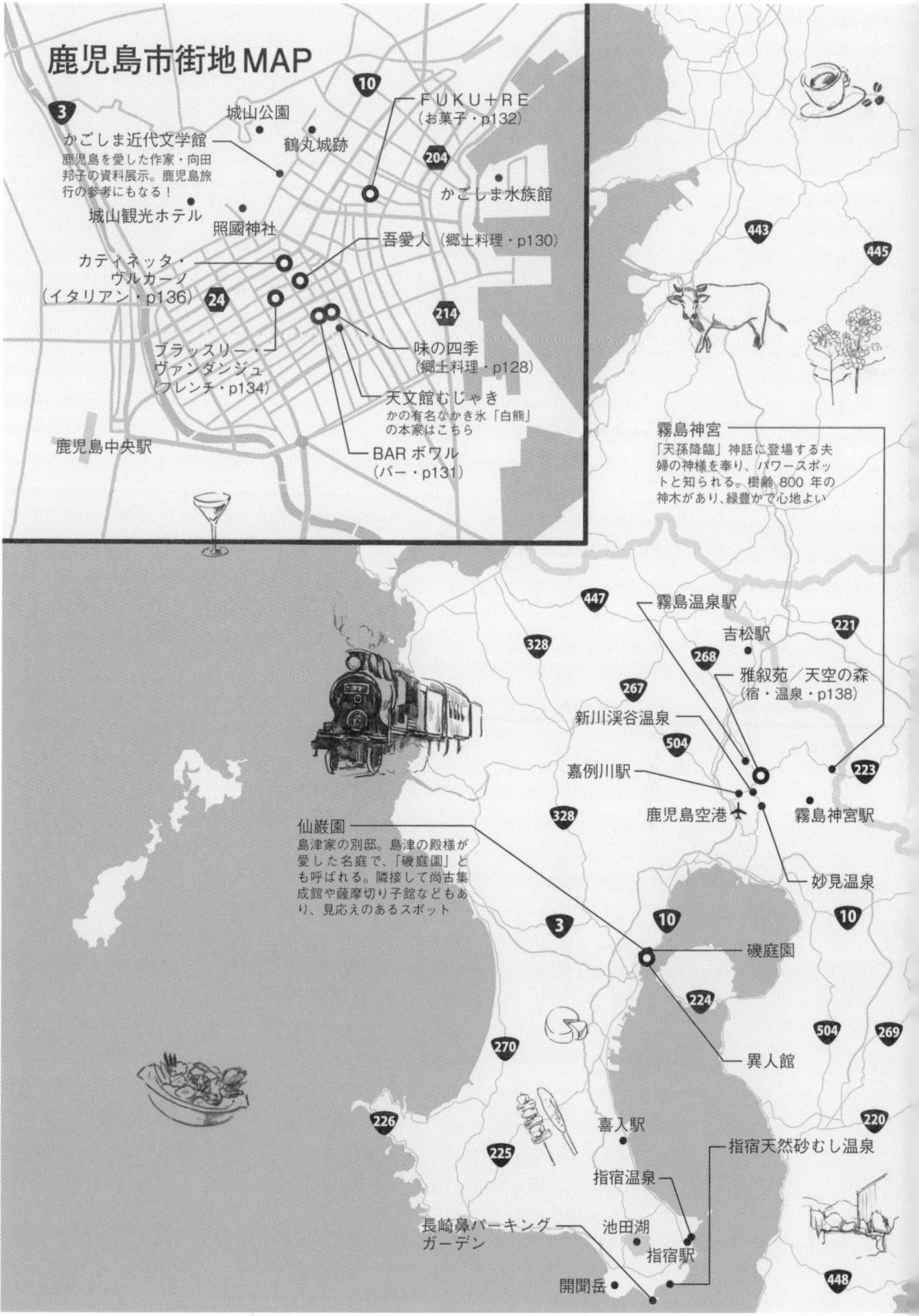
鹿児島市街地MAP
3
10
204
24
214
城山公園
鶴丸城跡
FUKU＋RE
（お菓子・p132）
かごしま近代文学館
鹿児島を愛した作家・向田邦子の資料展示。鹿児島旅行の参考にもなる！
かごしま水族館
城山観光ホテル
照國神社
吾愛人（郷土料理・p130）
カティネッタ・ヴルカーノ（イタリアン・p136）
ブラッスリー・ヴァンダンジュ（フレンチ・p134）
味の四季（郷土料理・p128）
天文館むじゃき
かの有名なかき氷「白熊」の本家はこちら
BAR ボワル（バー・p131）
鹿児島中央駅
443
445
霧島神宮
「天孫降臨」神話に登場する夫婦の神様を奉り、パワースポットと知られる。樹齢 800 年の神木があり、緑豊かで心地よい
447
霧島温泉駅
221
328
吉松駅
268
雅叙苑／天空の森（宿・温泉・p138）
267
新川渓谷温泉
504
嘉例川駅
223
328
鹿児島空港
霧島神宮駅
仙巌園
島津家の別邸。島津の殿様が愛した名庭で、「磯庭園」とも呼ばれる。隣接して尚古集成館や薩摩切り子館などもあり、見応えのあるスポット
妙見温泉
3
10
10
磯庭園
224
504
269
270
異人館
226
喜入駅
220
指宿天然砂むし温泉
225
指宿温泉
長崎鼻パーキングガーデン
池田湖
指宿駅
開聞岳
448

チチンプイプイ旅座

旅好き、九州好きのカメラマン＆ライター＆エディター４人からなる出版ユニット。「食を通じて土地とつながる」をテーマとして、自分たちが何度も行きたい、愛すべき「店」「人」「場所」を選び抜いた九州をご案内します。

松隈直樹（まつくま なおき）
福岡市在住。全国誌や企業誌などエディトリアルを中心に、国内外で活動。なかでも JR 九州の車内誌『プリーズ』では 20 年以上にわたり食ページを担当。食を愛し、旅続きの仕事中にもうまいもの探求に目がない。書籍に「英国貴族の館に泊まる旅」（小学館刊）、『小泉武夫のチュルチュルピュルピュル九州舌の旅』（石風社刊）などあり。
photo: p6-9, p12-39, p46-49, p52-63, p73, p76-91, p104-151

牛島千絵美（うしじま ちえみ）
福岡市在住。出版社勤務を経て 1995 年よりフリーに。九州を拠点に、食と暮らしに関る雑誌や JR 九州の車内誌『プリーズ』などで取材・執 筆。とくに九州の食文化を伝える独自の視点には定評がある。ライターとして担当した本に『九州ものしり学』（海鳥社刊）、『もうひとつの九州旅』（西日本新聞社刊）あり。
text: p6-9, p12-39, p46-49, p52-63, p76-91, p104-151

垂見おじぃ健吾（たるみ おじぃ けんご）
那覇市在住。沖縄、日本、世界各地を舞台に写真撮影の旅を続けている南方写真師。JTA 機内誌『Coralway』の撮影を約 30 年担当。人が好きで、海が好きで、島が好きで、シマ〜（泡盛）が大好きなおじぃは、ここ数年九州に魅了されて通い続けている。著書に『南方写真師・タルケンおじぃの沖縄島旅案内』（文藝春秋刊）など多数。
photo: p2-5, p40-45, p50-51, p64-71, p72, p74-75, p92-103

おおいし れいこ
長崎生まれ、東京在住。2001 年よりフリーエディターとして食、旅、着物などをテーマに文と編集の２点セットで雑誌・書籍などで活動中。愛すべき故郷・九州の魅力を多くの人に伝えることを使命とする。編集を担当した本に『日本のおしゃれ』上野敦美著（小社刊）『イェセン家のホームディナー』イェンス・イェンセン著（文藝春秋刊）など多数。
text: p2-5, p40-45, p50-51, p64-71, p72-75, p92-103

※この本のデータは 2015 年 6 月 20 日現在のものです。営業時間、価格など変更がある場合もありますことを、ご了承ください。

著　者　チチンプイプイ旅座

デザイン　山本洋介（MOUNTAIN BOOK DESIGN）
イラスト　Mamedori
地図製作　山崎潤子
校　正　大谷尚子
企画構成　おおいしれいこ
編　集　佐藤葉子

あたらしい九州旅行

2015 年 6 月 28 日　初版第 1 刷発行

発行者　玉越直人
発行所　WAVE出版
〒 102-0074　東京都千代田区九段南 4-7-15
TEL：03-3261-3713　FAX：03-3261-3823
振替 00100-7-366376
E-mail: info@wave-publishers.co.jp
http://www.wave-publishers.co.jp

印刷・製本　東京印書館

NDC689 159p 21cm　ISBN978-4-87290-746-9